法學叢書

程序法之研究(四)

陳計男 著

三民書局

國家圖書館出版品預行編目資料

程序法之研究(四) / 陳計男著.－－初版一刷.－－臺
北市：三民，2005
面；　公分.－－(法學叢書)
ISBN 957-14-4151-1　(平裝)

1.訴訟法－中國－論文,講詞等

586.07　　　　　　　　　　　　　93021996

網路書店位址　http : // www. sanmin. com. tw

© 　程序法之研究(四)

著作人　陳計男
發行人　劉振強
著作財
產權人　三民書局股份有限公司
　　　　臺北市復興北路386號
發行所　三民書局股份有限公司
　　　　地址／臺北市復興北路386號
　　　　電話／(02)25006600
　　　　郵撥／0009998-5
印刷所　三民書局股份有限公司
門市部　復北店／臺北市復興北路386號
　　　　重南店／臺北市重慶南路一段61號
初版一刷　2005年1月
編　號　S 585350
基本定價　捌　元
行政院新聞局登記證局版臺業字第○二○○號

自　序

　　民國四十五年考入臺大開始作法律新鮮人，五十年司法官特考及格，進入司法官訓練所第五期受訓，成為司法官新鮮人，五十一年底結訓，五十二年元月奉派臺灣臺北地方法院候補推事（法官），開始成為司法新兵，迄去年（九十二）年九月底，四十一年來迄未離開司法崗位。其間在地方法院來回審檢，擔任偵審工作；在第二審期間，擔任一年刑事審判外，均擔任民事審判。六十六年調行政法院（現最高行政法院）評事（法官），翌年調最高法院擔任民事庭推事，迄七十四年調行政法院庭長。在最高法院任職期間，就受命事件所為裁判中，幸被採為判例者，有二十七例❶。在行政法院擔任庭長九年，迄八十三年十月被任命為第六屆大法官止。在擔任審判長期間，本庭對人權保障，諸如外界所謂「黑名單」入出境事件，行政行為是否合乎平等原則、比例原則、信賴原則，有無權利濫用，有無遵守法定程序，均於裁判中加以闡析作成若干原則，以為審理準則❷。擔任大法官後，更是戰戰兢兢，期不負自己之職責。

　　公餘之暇，於兼課之時，喜歡將讀書及辦案心得與學生分享，寫成幾本教科書，發表若干不成熟之報告。近年因受邀作新民事訴訟法及行政訴訟法之報告，遂將其累積成冊，作為《程序法之研究㈣》。惟關於民事訴訟法部分，於八十九年及九十二年二月及六月三度修正，故文內之討論，係以報告時之條文規定為準。再者，第六屆大法官任期已屆，九年期間作成之解釋中，個人贊成者，固屬多數，但亦有不贊同，而作成不同意見書，或雖贊同解釋結論，但不贊同理由而作成協同意見書者。因為數僅有二十五篇，故列為本書附錄，作為此一階段之自我評鑑。謝謝三民書局劉振強董事長應允出版，更期待法學先進及讀者不吝指教！

著者於澄清廬舍

2004，教師節

---

❶　係依據七十八年十二月初版《最高法院判例要旨》（上冊），最高法院六十九年至七十七年案例要旨審議經過概述之說明，非個人之統計。

❷　相關案號未經行政法院公布，未便列出。

程序法之研究(四)

目　次

修正民事訴訟法對於審判實務之影響

要　目

第一單元　集中審理

第二單元　爭點之整理及協議爭點

第三單元　訴訟指揮與集中審理

第四單元　適時提出主義與限制的續審主義

第五單元　第二審訴訟程序之互動

〔肆〕命被上訴人提出答辯狀及命上訴人就答辯狀提出書面意見

〔伍〕限制的續審主義

〔陸〕第二審訴之變更或追加及反訴

〔柒〕更審之辯論

〔捌〕當事人或法定代理人虛偽陳述處罰之撤銷

　　（本文係八十九年民事訴訟法施行之初，臺高院舉辦座談會之講詞大綱，九十二年二月及六月民事訴訟法又有重大修正，故內容與現行法有若干出入）

修正民事訴訟法對於審判實務之影響

第一單元　集中審理

〔壹〕概　說

㈠所謂集中審理，係指於言詞辯論期日前，盡速整理爭點及證據，並將爭點之確切調查予以集中之審理方式而言❶。但所謂集中審理並不限於一次的調查證據期日。

㈡對向來五月雨（梅雨）式審理方式的反省——大陸法系傳統併行審理方式的全盤修正。

〔貳〕集中審理之方式及方法

㈠日本新民事訴訟法之相關規定簡介

1.準備性言詞辯論：裁判所於進行整理爭點及證據而認有必要時，得依本款（指其第二編第二章第三節第一款）之規定，行準備性言詞辯論 (§164)。

a.與當事人間確認依其後證據調查所應證明之事實 (§165 I)。

b.審判長認為適當者，得於準備性言詞辯論終結時，令當事人提出準備性言詞辯論中爭點及證據整理結果之摘要書面 (§165 II)。

c.準備性言詞辯論終結後，提出攻擊防禦方法之限制 (§167)。

2.辯論準備程序：於進行整理爭點及證據而認有必要時，得聽取當事

---

❶　參照小林昭彥著〈民事集中審理の實務〉(《ジュリスト》1997.3.15. 1108 期)。新堂幸司著《新民事訴訟法》第 424 頁 (弘文堂、平成十年)。

人之意見，將事件移付辯論準備程序 (§168)。

　　a.令當事人提出準備書狀 (§170 I)。

　　b.為有關聲請證據之裁判，其他於言詞辯論期日外得為之裁判，及文書物件之證據調查 (§170 II)。

　　c.得以由裁判所及當事人雙方依聲音之接收發送方式而得同時通話之方法於辯論準備程序期日進行程序，但以當事人之一方於該期日到場之情形為限 (§170 III)。

　　d.令受命法官行辯論準備程序 (§171)。

　　e.於辯論準備程序終結後提出攻擊或防禦方法之限制 (§174)。

　　f.辯論準備程序之終結、撤銷移付辯論準備程序之裁判 (§172)。

　　g.當事人於言詞辯論中，應陳述辯論準備程序中之結果 (§173)。

　　3.書面之準備程序：

　　a.對於居住在相隔遙遠之地當事人或其他認為相當之情形時，得聽取當事人之意見，將事件移付書面之準備程序 (§175)。

　　b.由審判長進行，但於高等裁判所，得命受命法官行之 (§176 I)。審判長或受命法官應定書面狀提出之期間 (§176 II)。

　　c.審判長等認有必要時，得依最高裁判所規則之規定，以裁判所及當事人雙方依聲音之接收發送方式而得同時通話之方法，就有關整理爭點及證據事項或其他為準備言詞辯論必要事項，與當事人為協議 (§176 III)。於此情形，得令裁判所書記官記錄協議之結果。

　　d.裁判所於書面準備程序終結後之言詞辯論期日，應與當事人間確認其後應依證據調查證明之事實 (§178)。

　　e.於書面之準備程序終結後提出攻擊或防禦方法之限制 (§179)。

㈡修正民訴法關於集中審理之規定

　　修正民訴法為促進民訴之審理，亦仿日本集中審理制，期民事事件得以迅速、有效率地審結。故修正民事訴訟法作相當配合性的修正，包括起訴前起訴狀表明方法，起訴後起訴狀之審查、書狀先行程序、準備書狀、準備程序 —— 協議簡化爭點及證據等。分述如下：

㈠起訴狀表明方法之修正

一、起訴狀除應表明訴訟標的外，更應載明訴訟標的之原因事實。蓋訴訟標的必須與原因事實相結合，始能確定審判之範圍。使法院於收受訴狀後，即能瞭解原告訴訟之原因事實，進而決定訴訟之方向，準備訴訟之審理。→涉及訴訟標的之相對理論、程序選擇權的問題❷。

二、對於請求金錢賠償損害之訴，全部請求或最低金額之表明及補充 (§244 IV) 與所適用訴訟程序之確定 (§244 V)：

1. 並非應受判決事項聲明之不確定。

2. 並非一部請求。

3. 須於第一審言詞辯論終結前補充（並非擴張聲明）。審判長應告以得為補充──新程序保障論❸。

㈡起訴後起訴之審查

法院收受訴狀後，審判長應速定言詞辯論期日。但應依前條之規定逕行駁回，或依第二十八條之規定移送他地方法院，或須行書狀先行程序者，不在此限（第二百五十條）。為達訴訟早日終結，避免拖延，審判長固應從速指定言詞辯論期日。惟訴訟能否順利進行而終結，並非單靠言詞辯論期日之指定，而應先就原告提起之訴作審查，以便決定進行訴訟之方向。故審判長於受理訴訟，首須審查原告之起訴是否合於訴訟要件，若原告之訴有第二百四十九條第一項所定之情形而可以補正，自應即裁定限期命為補正，若逾期不補正或不能補正，即由法院以裁定駁回原告之訴，而終結訴訟。法院對於事件無管轄權者，依第二十八條規定，將事件裁定移送有管轄權之法院。原告之訴雖具訴訟要件，但依其所訴之事實在法律上顯無理由者，亦不必行言詞辯論，由法院以判決駁回之 (§249 II)。原告之訴合於訴訟要件且非顯無理由時，審判長應斟酌原告訴狀記載之內容、案情繁雜之程度，採取下列步驟：

---

❷　邱聯恭著〈處分權主義・辯論主義之新貌及機能演變〉《法學叢刊》177 期 89.1.版，下稱邱文）第 133 頁。

❸　邱文第 132 頁。

一、指定言詞辯論期日

二、行書狀先行程序

三、行準備程序

㈢**書狀先行程序**

一、第二百六十五條所定準備言詞辯論之事項，宜於訴狀內記載之 (§ 244 III)。

二、攻擊或防禦方法，除別有規定（如 §276、§447）外，應依訴訟進行之程度，於言詞辯論終結前適當時期提出之。→適時提出主義。

1.當事人意圖延滯訴訟。

2.因重大過失，逾期始行提出攻擊或防禦方法。

3.攻擊或防禦方法之不明瞭，經命其敘明而不為必要之敘明者。→法效果：法院得駁回之。

三、書狀之交換：

1.除原告之起訴狀已依第二百四十四條第三項就言詞辯論之事項，已有充分之記載，由法院將訴狀繕本送達被告，被告依第二百六十七條提出答辯狀，使兩造互為攻擊防禦 (§267)。

2.審判長如認言詞辯論之準備尚未充分，得定期間命當事人依第二百六十五條至第二百六十七條之規定，提出記載完全之準備書狀或答辯狀，並得命其就特定事項為表明或聲明其所用之證物 (§268)。

3.為期書狀先行程序進行之順利，當事人之準備書狀或答辯狀，得以繕本或影本直接通知他造 (§265 I、§262 III、§267 II、III)。他造就曾否受領上述書狀繕本或影本有爭議時，由提出書狀之當事人釋明之 (§265 II)。

4.準備書狀、答辯狀、再為主張或答辯之準備書狀提出之期間 (§267)。

5.準備書狀、答辯狀應記載之事項、方式及所添具書證之相關規定 (§ 266)。

6.行書狀先行程序後，法院應使當事人整理並協議爭點 (§268-1 II)，審判長於必要時，得定期間命當事人就整理爭點之結果提出摘要書狀 (§ 268-1 III)，此項書狀，應以簡明文字，逐項分段記載，不得概括引用原有

書狀或言詞之陳述 (§268–1 IV)。

　　7.當事人不依第二百六十七條、第二百六十八條、第二百六十八條之一第三項之規定提出書狀或聲明證據者，法院得依聲請或基於職權命該當事人以書狀說明其理由。當事人未依命說明者，得準用第二百六十七條之規定（失權效），或於判決時依全辯論意旨斟酌之 (§268–2)。

　㈠**準備程序**

　　1.行準備程序之事件，不以行合議審判 (§270 I) 者為限。於行獨任制度之審判，亦得準用之 (§271–1)。→得不於公開法庭整理及協議簡化爭點。

　　2.準備程序原則上以闡明訴訟關係為止。例外經法院命於準備調查程序者，亦得為之 (§270 II)。

　　3.受命法官行調查證據，以下列情形為限，用達直接審理主義之理想 (§270 III)：

　　⑴有在證據所在地調查之必要者：如 §305。

　　⑵依法應在法院以外之場所調查者：如 §304。

　　⑶於言詞辯論期日調查，有致證據毀損、滅失或礙難使用之虞，或顯有其他困難者。

　　⑷兩造合意由受命法官調查者。

　　為保障被告程序利益，並準用第二百五十一條第一項、第二項之規定，訴狀應與期日通知書一併送達被告，並予被告就審期間。

　　4.受命法官得不用公開法庭形式，闡明訴訟關係，其闡明範圍如下 (§270–1)：

　　⑴命當事人就準備書狀記載之事項為說明→不明瞭、不完足之說明與補充。

　　⑵命當事人就事實或文書、物件為陳述→陳述事實並提出文書、物件。

　　⑶整理並協議簡化爭點→受命法官為使訴訟順利進行，對於當事人提出之各種錯綜複雜之訴訟爭點，先行加以整理，如認其中有重複或不必要之爭點，亦得由當事人協議簡化。

　　⑷其他必要事項。

㈤言詞辯論之實施

修正民事訴訟法，為使民事審判更有效率，於行言詞辯論前，有書面先行程序，簡化爭點或準備程序，使兩造於言詞辯論時，集中就爭點為辯論，期能於一次或少數幾次言詞辯論期日，即能終結訴訟。又改採適時提出主義，使不於適當時期提出攻擊或防禦方法者，發生一定失權效果，庶不致影響訴訟之終結，復採限制的續審主義，使事件不致拖延不確定，均係針對時弊所為之修正。值得注意之點如下：

一、法院收受訴狀後，除應依第二百四十九條逕行駁回原告之訴，依第二十八條裁定移送他法院，或行書狀先行程序或準備程序外，審判長應速定言詞辯論期日 (§250)。一般就審期間十日，曾行準備程序之事件五日 (§251)。

二、行書狀先行程序之事件，於第一次言詞辯論期日，應使當事人整理並簡化爭點 (§268-1 II)。審判長於必要時，得定期間命當事人就整理爭點之結果，提出摘要書狀 (§268-1 III)，此項書狀審判長宣告知「應以簡明文字，逐項分段記載，不得概括引用原有書狀或言詞之陳述」(§268-1 IV)。「如不依規定提出書狀或聲明證據者，法院得依聲請或依職權命該當事人以書狀說明其理由。其未依規定說明者，法院得準用第二百七十六條規定或於判決時依全辯論意旨斟酌之」(§268-2)，以促當事人注意。

三、其行準備程序者，於言詞辯論時，當事人應陳述準備程序之要領，但審判長亦得令書記官朗讀準備程序筆錄代之 (§275)。當事人所應陳述之要領，其內容包括整理爭點之結果。

四、法院因使辯論易於終結，認為必要時，得於言詞辯論前，為第二百六十九條之處置。

五、法院於調查證據前，應將訴訟有關之爭點（包括未經或已經整理協議簡化之事實上爭點、法律上爭點、與訴訟有關之各種證據爭點、及其他攻擊或防禦方法），曉諭當事人 (§296-1 I)。使兩造知悉事件之爭點及證據與待證事實之關聯後，始進行證據之調查。又為迅速發見真實，並達審理集中化之目標，法院訊問證人及有依第三百六十七條之一規定同時訊問

當事人本人必要時，應集中為之 (§296-1 II)。

　　六、調查證據之結果，應曉諭當事人為辯論。於受訴法院外調查證據（例如受命法官、受託法官、或囑託其他機構團體調查證據）者，當事人應於言詞辯論時陳述其調查之結果，但審判長得令書記官朗讀調查筆錄或其他文書代之 (§297)。

　　七、當事人係依第二百四十四條第四項規定，僅表明其全部請求之最低金額者，審判長於言詞辯論終結前，應告以得為補充。

　　八、審判長應注意令當事人就訴訟關係之事實及法律為適當完全之辯論 (§199 I)。審判長應向當事人發問或曉諭，令其為事實上及法律上陳述，聲明證據或為其他必要之聲明或陳述；其所聲明或陳述有不明瞭或完足者，應令其敘明或補充之 (§199 II)。

　　九、依原告之聲明及事實上之陳述，得主張數項法律關係，而主張不明瞭或不完足者，審判長應曉諭其敘明或補充之 (§199-1 I)。被告如主張有消滅或妨礙原告請求之事由，究為防禦方法或提起反訴有疑義時，審判長應闡明之 (§199-1 II)。

　　十、訴訟達於可為裁判之程度者，法院應為終局判決 (§381 I)。當事人已證明受有損害而不能證明其數額或證明顯有重大困難者，法院應審酌一切情況，依所得心證定其數額 (§222 II)，不得拖延不結或逕予駁回。

第二單元　爭點之整理及協議爭點

〔壹〕概　說

　　一、修正民事訴訟法，為達集中審理之目的，於言詞辯論期日前，須先整理爭點並協議簡化爭點，使訴訟關係透明化、簡易化，俾經言詞辯論後，迅即終結訴訟。

　　二、此所謂爭點，包括：

    1. 事實上之爭點

    2. 法律上之爭點

    3. 各種證據上之爭點

    4. 其他各種攻擊或防禦方法之爭點

訴訟程序上之爭點，以法律上允許當事人處分之爭點為限 (§197)，其他不屬於當事人得處分範圍之程序上爭點，非此之爭點。

〔貳〕 爭點整理之程序上方式

修正民事訴訟法關於爭點整理之程序方式，仿德國法例，就第一審訴訟程序之方式言，有書面先行程序 (§250、z.p.o. §276)，第一次期日型程序 (§268–1 II、z.p.o. §275)，及準備程序 (§270–1 I ③)。至採何方式進行，由審判長決定之。

一、書面先行程序

法院於收受訴狀後，除應依第二百四十九條規定駁回原告之訴，或依第二十八條裁定移送他法院者外，審判長得不指定言詞辯論期日，行書面先行程序，依當事人間書狀之交換，而行爭點之整理 (§265～267) →對於他造主張之事實及證據為承認與否之陳述，如有爭執，其理由 (→ §266I ③、II ②)，依第一百六十五條規定：當事人就其提出之事實，應為真實及完全之陳述。對於他造提出之事實，應為陳述。對於他造主張之事實，得為自認、爭執 (§279) 或不爭 (§280 I)；自認之附加或限制，或對他造主張之事實為不知或不記憶陳述，審酌後心證之適度公開，有助簡化或協議爭點。

二、第一次期日型程序

法院於行書狀先行程序後，無論指定行言詞辯論期日或準備程序期日，於第一次期日，應使當事人整理並協議爭點 (§268–1 III)。蓋此時，法官依先行程序之書狀，已能掌握事件之全貌，為使當事人整理並協議爭點，法官原則上可採用事實摘示型方法❹，將事件之重要事實（主要事實及重要

間接事實）與非重要事實（無關聯性事實）予以區分，並就重要事實區分為爭執之事實與不爭執（包括自認）之事實，依其爭點決定舉證責任之所在及關於證據或其他攻擊防禦方法之爭執。在此階段，法院僅在使當事人整理及簡化爭點而已。審判長於必要時，得定期命當事人就整理爭點之結果，提出摘要書狀，以便言詞辯論時，得以集中審理 (§268-1 III)。

三、準備程序

受命法官得不用公開法庭之形式，整理並協議簡化爭點 (§270-1 I ③)。受命法官於整理並協議簡化爭點時，得採：

1. 事實提示型方式，作成爭點整理案，開示案情，確實把握之爭點，以便於證據之調查。

2. 證據的開示（書證之提出、預定證人之開示），例如於契約書成為爭點之情形，須要求提出契約書，並就簽名、蓋章為認否或其情事之開示，為爭點整理所不可缺。有時因真實證據之提出而解消爭點，故除彈劾證據外，證書之提出對於爭點之整理相當有助益。

3. 法官適當心證的公開及法律見解的開示❺，亦有助於爭點之整理與協議簡化爭點。

4. 受命法官為整理及協議簡化爭點，認為適當時，得暫行退席或命當事人退庭，或指定七日以下之期間命當事人就雙方主張之爭點，或其他有利於訴訟終結事項，為簡化之協議，並共同向法院陳明。但指定期間命當事人為協議者，以二次為限 (§270-1 II)。

5. 準備程序筆錄應記載下列各款事項：

⑴當事人之聲明及所用之攻擊或防禦方法。

⑵對於他造之聲明及攻擊或防禦方法之陳述。

---

❹　參照小林文第 73 頁。

❺　參照阿多麻子著〈法的觀點指摘義務〉（《判タ》1004 期 1999.9.15），松浦正弘著〈心證の開示〉（載於《辯護士からみたドイツ民事訴訟法の實態》，第 167 頁以下，成文堂）。

(3)前條第一項所列各款事項及整理爭點之結果。

6. 準備程序至終結時，應告知當事人，並記明於筆錄 (§274)。

7. 協議爭點之效力 (§270-1 III)：

當事人主張之爭點，經依：

(1)第二百七十條之一第一項第三款協議者（包括協議簡化、確認）。

(2)第二百七十條之一第二項命當事人為協議，經共同向法院陳明者。

當事人應受協議拘束。但經兩造同意變更，或因不可歸責於當事人之事由或依其他情形協議顯失公平者，不在此限。

8. 未於準備程序主張之事項，除有下列各款情形之一者外，於準備程序後行言詞辯論時，不得主張之 (§276)：

(1)法院應依職權調查之事項。

(2)該事項不甚礙延滯訴訟者。

(3)因不可歸責於當事人之事由不能於準備程序提出者。對於不可歸責之事由，應釋明之❻。

(4)依其他情形顯失公平者。

怠忽之責任與失權效果間，是否合乎比例原則 (Verhältnismässigkeit) 問題。

第三單元　訴訟指揮與集中審理

〔壹〕概　說

修正民事訴訟法，為提高民事審判之效率，增強人民對於民事審判之

---

❻　修正第二百八十四條但書規定：「但依證據之性質不能即時調查者,不在此限」。於認定證據調查之即時性時,應斟酌證據之性質,而為妥適之判斷。例如依事件之性質認為適當,且不致延滯訴訟時,法院得展期日而為調查。或允證人或當事人提出書面陳述以代到庭作證是。

信賴，除審判上，改採集中審理制，增設爭點整理及協議簡化爭點規定外，對於訴訟指揮亦作若干增修規定以為配合。摘要敘述如下：

〔貳〕關於闡明部分

一、審判長應注意令當事人就訴訟關係之事實及法律為適當完全之陳述 (§199 I)。適用法律固屬法官之職責，惟當事人主張之事實，究應適用何種法律關係，往往影響裁判之結果，為防止法官未經闡明逕行適用法律而對當事人產生突襲性裁判，除令當事人就事實為適當之陳述及辯論外，亦應令就法律觀點為必要之陳述及完全適當之辯論。

二、審判長應向當事人發問或曉諭，令其為事實上及法律上陳述，或為其他確定訴訟關係所必要之聲明或陳述，聲明證據或為其他必要之聲明及陳述；其所聲明或陳述有不明瞭或不完足者，應令其敘明或補充之 (§199 II)。陪席法官告明審判長後，得向當事人發問或曉諭 (§199 III)。

三、依原告之聲明及事實上之陳述，得主張數項法律關係，而其主張不明瞭或不完足者，審判長應曉諭其敘明或補充之 (§199-1 I)。惟原告究欲主張何項法律關係，及其是否為訴之變更或追加，仍應由原告自行斟酌決定。

四、被告如主張有消滅或妨礙原告請求之事由，究為防禦方法或提起反訴有疑義時，審判長應闡明之 (§199-1 II)。

五、原告之聲明僅表明其全部請求之最低金額者，於言詞辯論終結前，應告以得為補充 (§244 III)。

六、在確認法律關係基礎事實存否之訴，須以原告不能提起他訴為限 (§247 II)，如得利用同一訴訟程序提起他訴者，審判長應闡明之，原告因而為訴之變更或追加時，不受第二百五十五條第一項前段規定之限制 (§247 III)。如原告於第二審始為訴之變更或追加，仍應受第四百四十六條第一項前段之限制。

七、當事人提出之攻擊或防禦方法之意旨不明瞭者，應命其敘明 (§196 II 後段)，經命敘明而不為必要之敘明者，法院得駁回之。

八、受命法官闡明訴訟關係 (§270 I、II)：

1. 程序：得不用公開法庭之形式。
2. 範圍：⒜命當事人就準備書狀記載之事項為說明。

   ⒝命當事人就事實或文書、物件為陳述。

   ⒞整理並協議簡化爭點。

   ⒟其他必要事項。
3. 命自行協議簡化爭點，並共同向法院陳明。

〔參〕關於訴訟進行之指揮

一、關於言詞辯論期日前之訴訟指揮

1. 法院收受訴狀後，審判長應速定言詞辯論期日。但依前條 (§249) 規定應逕行駁回，或依第二十八條之規定移送他法院，或須行訴狀先行程序者❼，不在此限 (§250)。
2. 法院於必要時，得行準備程序❽(§270、§271-1)。
3. 審判長如認言詞辯論之準備尚未充足，得定期間命當事人依第二百六十五條至第二百六十七條之規定，提出記載完全之準備書狀或答辯狀，並得命其就特定事項詳為表明或聲明所用之證據。
4. 於行書狀先行程序後，行言詞辯論時，於第一次期日，應使當事人整理並協議簡化爭點 (§268-1 II)，審判長於必要時，得定期間命當事人就整理爭點之結果，提出摘要書狀 (§268-1 III)。
5. 言詞辯論前必要之處理 (§269)。

二、言詞辯論期日開始後，有關訴訟指揮之特別規定

1. 審判長之闡明❾及協議簡化爭點。
2. 第三人承當訴訟之准許 (§254 II)。

---

❼ 關於書狀先行程序之指揮，詳第一單元。

❽ 關於行準備程序之指揮，詳第一單元。

❾ 詳前述〔貳〕關於闡明部分。

3.訴之追加、變更之准駁 (§258 I) 及追加之訴駁回確定後之審判 (§258 II)。

4.命提準備書狀及摘要書狀 (§268-1 III)。

5.命再開已終結之準備程序 (§274 II) 及言詞辯論程序 (§210)。

6.定調查證據之期間 (§287)。

7.於他造有證據妨礙之情形，令當事人有辯論之機會 (§282-1)。

8.為發見真實認必要時，得依職權調查證據。法院為此項調查時，應令當事人有陳述意見之機會 (§288)。

9.命囑託調查 (§289、§290、§295)。囑託他法院法官調查證據者，審判長應告知當事人得於該法院所在地指定應受送達之處所，或委任住居該地之人為訴訟代理人，陳報受囑託之法院 (§291)。

10.法院於調查證據前，應將訴訟有關之爭點曉諭當事人 (§296-1，確認爭點及範圍)，法院訊問證人及當事人，應集中為之 (§296-1 II)。

11.調查證據之結果，應曉諭當事人為辯論。於受訴法院外調查證據者，當事人應於言詞辯論時陳述其調查之結果。但審判長得令書記官朗讀調查證據筆錄或其他文書代之 (§297)。

12.證人須依據文書、資料為陳述，或依事件之性質、證人之狀況，經法院認為適當者，得命兩造會同證人於公證人前作成陳述書狀 (§305 I)。經兩造同意者，證人亦得於法院外以書狀為陳述 (§305 II)。證人以書狀為陳述者，仍應具結，並將結文附於書狀，經公證人認證後提出 (§305 V)。

13.證人所在與法院間有聲音及影像相互傳送之科技設備而得直接訊問，並經法院認為適當者，得以該設備訊問之 (§305 IV)。並應於訊問前或訊問後具結 (§305 V)。

14.證人得以電信傳真或其他科技設備將第二項、第三項及前項文書傳送於法院，效力與提出文書同 (§305 VII)。

15.當事人得聲請審判長對於證人為必要之發問，或向審判長陳明後自行發問。前項發問，亦得就證言信用之事項為之 (§320 I、II)。發問與應證事實無關、重複發問、誘導發問、侮辱證人或有其他不當情形，審判長得依聲請或依職權限制或禁止之。對此限制或禁止有異議者，法院應就其異

議為裁定 (§320 III、IV)。

16.法院如認證人在當事人前不能盡其陳述者，得於其陳述時命當事人退庭。但證人陳述畢後，審判長應命當事人入庭，告以陳述內容之要旨 (§321 I)。法院如認證人在特定旁聽人前不能盡其陳述者，得於其陳述時命該旁聽人退庭 (§321 II)。

17.法院於選任鑑定人前，得命當事人陳述意見；其經當事人合意指定鑑定人者，應從其合意選任之。但法院認其人選顯不適當時，不在此限 (§326 III)。

18.法院於必要時，得依職權或依聲請命證人或當事人提供鑑定所需資料 (§337 I)，當事人亦得向鑑定人提供意見 (§337 II)。

19.聲請命他造提出之文書，如應命其提出之文書或文書之內容之表明顯有困難時，法院得命他造為必要之協助 (§342 III)。

20.就與本件訴訟有關之事項所作之文書，其內容涉及當事人或第三人之隱私或業務秘密，如予公開，有致當事人或第三人受重大損害之虞者，當事人得拒絕提出。但法院為判斷其有無拒絕提出之正當理由，必要時，得命其提出，並以不公開之方式行之 (§344 II)。

21.當事人無正當理由不從文書提出之命者，法院得審酌情形認他造關於該文書之主張或依該文書應證之事實為真實。於此情形，於裁判前應令當事人有辯論之機會 (§345)。

22.法院以裁定命第三人提出文書或定由舉證人提出文書之期間前，應使該第三人有陳述意見之機會 (§347)。

23.第三人無正當理由不能從提出文書之命者，法院於必要時，並得以裁定命為強制處分。此項強制處分之執行，準用強制執行法關於物之交付請求權執行之規定 (強制法 §124 以下)。對於此項裁定得為抗告 (§349 III)，抗告中不停止執行。

24.當事人或代理人就真正之文書,故意爭執設裁定處罰之規定 (§357-1)。

25.當事人就其本人之簽名、蓋章或按指印為不知或不記憶之陳述者，應否推定為真正，由法院審酌情形斷定之 (§358)。

26.文書、物件或呈現其內容之書面，其作成之人、時、地等相關資料，於法院取捨證據之心證，有重大影響，持有人如僅提出條件而未附呈現其內容之書面，或雖提出書面而其記載不完全，或係使用特殊符號或專業用語者，法院均難以辨讀其內容，故第三百六十三條規定，法院於必要時，得命說明之。

27.當事人本人作為證據方法之訊問 (§367–1)。

第四單元　適時提出主義與限制的續審主義

〔壹〕概　說

修正前民訴法偏重實體正義之實現，採自由順序主義，對於當事人提出攻擊或防禦方法之時期，並無時間之限制。當事人於言詞辯論終結前，隨時得提出各種攻擊或防禦方法（修正前 §196 I）。第二審又採續審主義，故當事人得提出新攻擊或防禦方法，且在第一審就事實或證據所未為之陳述，亦得追復之（修正前 §447）。使第一審訴訟程序為當事人所不重視，而喪失審級制度設計之意義，修正民訴法為糾正此一偏差，促進審判效率，乃改適時提出主義與限制的續審主義。

〔貳〕適時提出主義

一、攻擊或防禦方法，除別有規定外，應依訴訟進行之程度，於言詞辯論終結前適當時期提出之 (§196 I)。

1.所謂「適當時期」宜解為依法律之規定或法院酌定之。

2.逾時提出之效果，當事人意圖延滯訴訟，或因重大過失，逾時始行提出攻擊或防禦方法，有礙訴訟之終結者，法院得駁回之。攻擊或防禦方法之意旨不明瞭，經命其敘明而不為必要之敘明者亦同 (§196 II)。

二、因不備訴之追加要件而駁回其追加之裁定確定者，原告得於該裁

定確定後十日內聲請法院就該追加之訴為審判 (§258 II)。逾期未聲請者，視為撤回該新訴。

　　三、訴之撤回，被告於期日到場，未為同意與否之表示者，自該期日起；未於期日到場或係以書狀撤回者，自前項筆錄或撤回書狀送達之日起，十日內未提出異議者，視為同意撤回 (§262 IV)。

　　四、當事人未依第二百六十七條 (準備書狀、答辯狀、再為主張或答辯之準備書狀)、第二百六十八條 (命提出記載完全之準備書狀或答辯狀，及就特定事項詳為表明或聲明所用之證物)、第二百六十八條之一第三項 (命提出摘要書狀) 之規定提出書狀或聲明證據者 (§268-2)。

　　1.法院得依聲請或依職權命該當事人以書狀說明其理由。

　　2.當事人未依前項規定說明者，法院得依第二百七十六條 (失權效果) 或於判決時依全辯論意旨斟酌之。

　　五、未於準備程序主張之事實，除有下列情形之一者外，於準備程序後行言詞辯論時，不得主張之 (§276)：

　　1.法院應依職權調查之事項。

　　2.該事項不甚延滯訴訟者。

　　3.因不可歸責於當事人之事由，不能於準備程序提出者。關於不可歸責之事由，應釋明之。

　　4.依其他情形顯失公平者。

　　六、當事人對於他造主張之事實，已於相當時期受合法之通知，而於言詞辯論期日不到，亦未提出準備書狀爭執者，視同自認 (§280 III)。

　　七、除第三百三十條第一項情形外，鑑定人已就鑑定事項有所陳述或已提出鑑定書後，不得聲明拒卻。但拒卻之原因發生在後或知悉在後者，不在此限 (§331 II)。

〔參〕限制的續審主義

　　當事人得提出新攻擊或防禦方法。但有下列各款情形之一者，第二審法院得駁回之 (§447)：❿

一、在第一審整理並協議簡化後已不得主張之爭點。

二、經第一審法院依第一百九十六條第二項裁定駁回者。

三、經第一審法院依第二百六十八條定期間命提出而未提出者。

四、因當事人故意或重大過失未於第一審程序提出者。

當事人在第一審就事實或證據所未為之陳述，得否於第二審程序中追復，仍應依第四百四十七條之規定辦理。

第五單元　第二審訴訟程序之互動

〔壹〕關於第一審訴訟程序規定之準用

依第四百六十三條規定，除本章別有規定外，前編第一章之規定，第二審程序準用之。其中特別值得吾人注意者，為書狀先行程序與準備程序之準用，俾經由整理並簡化爭點，以達集中審理、迅速終結訴訟之目標。此外關於電信傳真或其他科技設備之運用於訴訟行為，當事人訊問制度之引進等，均值吾人注意。

〔貳〕第二審上訴狀對於上訴理由記載之明定 (§441 I ④、II)

第二審上訴狀應表明上訴理由 (§441 I ④)。上訴理由應表明下列各款事項 (§441 II)：

一、應廢棄或變更原判決之理由。

二、關於前款理由之事實及證據。

修正民事訴訟法為督促當事人適時提出攻擊或防禦方法，俾第二審法院及當事人能儘早掌握上訴資料，進而整理爭點，並充分準備言詞辯論，以達集中審理之目標，規定上訴狀應記載上訴理由。而成為提起第二審上訴之必要程式，並規定其應表明之內容。惟為避免上訴人濫行提出新事實

---

❿　本法於九十二年二月修正時，已全面修正。

及新證據，致增加第二審之負擔，上訴人得提出之新事實及新證據，應以關於廢棄或變更原判決之理由為限，並不得違反關於第四百四十七條有關限制提出之規定。

〔參〕 上訴理由書強制提出主義

上訴狀未表明上訴理由者，審判長得定相當期間命上訴人提出理由書 (§441–1 I)。但此與第三審上訴理由書未提出之情形不同 (§471 I)。當事人逾期提出書狀者，法院得命該當事人以書狀說明其理由 (§444–1 IV)。當事人未依前項規定說明者，第二審法院得準用第四百四十七條之規定，或於判決時依全辯論意旨斟酌之。但第二審法院不得以上訴狀未具上訴理由，認上訴不合法而以裁定駁回其上訴 (§442 III)。

〔肆〕 命被上訴人提出答辯狀及命上訴人就答辯狀提出書面意見 (§444–1 III)

上訴人提出理由書後，第二審法院應速將上訴理由書送達被上訴人。審判長得定相當期間命被上訴人提出答辯狀，及上訴人就答辯狀提出書面意見 (§444–1 III)。當事人逾期未提出者，法院得命該當事人以書狀說明其理由。當事人未依規定說明者，第二審法院得準用第四百四十七條之規定，或於判決時依全辯論意旨斟酌之。

〔伍〕 限制的續審主義 (§447)❶

為強化第一審事實審之功能，並達到審理集中化之目標，關於當事人提出攻擊或防禦方法之時期，第一百九十六條已改採適時提出主義，故當事人於第二審法院提出新攻擊或防禦方法，亦受有限制。第四百四十七條規定，當事人得提出新攻擊或防禦方法，但有下列各款情形之一者，第二審法院得駁回之：

一、在第一審整理並協議簡化後，已不得主張之爭點：修正民事訴訟

---

❶　此部分因九十二年二月本法對第四百四十七條之全面修正，而不適用。

為達集中審理之目的，於第二百七十條之一第一項第三款規定，受命法官於準備程序中，整理並協議簡化爭點。同條第二項規定，受命法官並得指定七日以下期間命當事人為爭點簡化之協議。經整理並協議簡化爭點或當事人為爭點簡化之協議者，除經兩造同意變更或因不可歸責於當事人之事由或依其他情形協議顯失公平之情形外，當事人應受協議之拘束（同條第三項）。則當事人於第二審即不得再行提出。

二、經第一審法院依第一百九十六條第二項規定駁回者：修正民事訴訟法已將自由順序主義改為適時提出主義。攻擊或防禦方法除別有規定外，應依訴訟進行之程度，於言詞辯論終結前適當時期提出之。當事人意圖延滯訴訟或因重大過失，逾時始行提出攻擊或防禦方法，有礙訴訟之終結者，法院得駁回之。攻擊或防禦方法之意旨不明瞭，經命其敘明而不為必要之敘明者，亦同（第一百九十六條）。其經第一審法院裁定駁回之攻擊或防禦方法，於第二審即不得再行提出，以加強第一審事實審之功能，並用以達到集中審理之目標。

三、經第一審法院依第二百六十八條定期間命提出而未提出者：為達集中審理之目的，第二百六十八條規定，審判長如認言詞辯論之準備尚未充足，得定期間命當事人依第二百六十五條至第二百六十七條之規定，提出記載完全之準備書狀，並得命其就特定事項詳為表明，或聲明所用之證據。當事人未依上開規定提出書狀或聲明證據，又未說明理由，經第一審法院依第二百六十八條之二第二項規定判決後，該當事人於第二審法院，亦不得再提出該攻擊或防禦方法，以促當事人盡其協力迅速進行訴訟之義務。

四、因當事人之故意或重大過失未於第一審程序提出者：本法第一百九十六條已採適時提出主義，當事人於第一審法院審理中，自應依第一審訴訟進行之程度，適時提出攻擊或防禦方法，若當事人故意或重大過失未於第一審提出者，在第二審始提出時，第二審法院自得駁回之，以促當事人盡其事實提出之義務。

〔陸〕第二審訴之變更或追加及反訴

一、訴之變更或追加

訴之變更或追加，非經他造同意，不得為之。但第二百五十五條第一項第二款至第六款之情形，不在此限 (§446 I)。分述如下：

1. 請求之基礎事實同一者。

2. 擴張或縮減應受判決事項之聲明者。

3. 因情事變更而以他項聲明代最初之聲明者。

4. 該訴訟標的對於數人必須合一確定時，追加其原非當事人之人為當事人者。

5. 訴訟進行中，於某法律關係之成立與否有爭執，而裁判以該法律關係為據，並求對於被告確定其法律關係之判決者。

二、反　訴

在第二審提起反訴，非經他造同意不得為之 (§446 II)，此項同意，得以書狀或言詞 (§122 I) 為之。有下列情形之一者，雖未經他造同意，亦得為之（§446 II 但書）：

1. 於某法律關係之成立與否有爭執，而本訴裁判應以該法律關係為據，並請求確定其法律關係者：此項反訴，性質上亦屬中間確認之訴。其由第一審原告提起者，為依第四百四十六條第一項規定追加之中間確認之訴，其由被告提起者，則為本款之反訴。

2. 就同一訴訟標的有提起反訴之利益者：例如本於買賣關係提起之給付買賣標的物訴訟中，於第二審提起請求給付價金之反訴是。

3. 就主張抵銷之請求尚有餘額部分，有提起反訴之利益者：例如原告提起請求給付價金新臺幣五十萬元之本訴中，被告主張對於原告有新臺幣八十萬之票據債權已到期，其中五十萬元抵銷價金債務，並就餘額三十萬元提起反訴，請求給付三十萬元票款是。

4.他造於提起反訴無異議，而為本條之言詞辯論者。

此外，人事訴訟程序之婚姻事件 (§572) 及親子關係事件 (§588、§596)，在第二審提起反訴，亦無須得他造當事人之同意。

〔柒〕 更審之辯論

一、受發回或發交之法院，應以第三審法院為廢棄理由之法律上判斷為其基礎 (§478)。

二、第三審發回更審之事件，其辯論範圍不以第三審判決理由所指示之事項為限，第二審法院就第三審未指示調查而應調查之事項，應注意調查認定，不得遺漏。但當事人提出新訴訟資料，應受第四百四十七條之限制。

三、本於更審辯論所為之判決，得較前次判決更不利於上訴人

〔捌〕 當事人或法定代理人虛偽陳述處罰之撤銷

依第三百三十六條之一規定受罰鍰裁定之當事人或法定代理人，於第二審言詞辯論終結前承認其陳述為虛偽者，訴訟繫屬法院，得不待其抗告亦不受抗告不變期間之影響，審酌情形撤銷原裁定 (§367-2 III)。至當事人僅違背第一百九十五條所定之真實陳述義務者，尚不得科處罰鍰。

修正新民事訴訟法之實務研討

要　目

第一單元　以集中審理為中心之民事訴訟

第二單元　新民事訴訟法之第二審訴訟程序

〔貳〕第二審上訴狀對於上訴理由記載之明定

〔參〕上訴理由書強制提出主義

〔肆〕命被上訴人提出答辯狀及命上訴人就答辯狀提出書面意見

〔伍〕限制的續審主義

一、在第一審整理並協議簡化後，已不得主張之爭點

二、經第一審法院依第一百九十六條第二項裁定駁回者

三、經第一審法院依第二百六十八條定期間命提出而未提出者

四、因當事人之故意或重大過失未於第一審程序提出者

〔陸〕更審之辯論

〔柒〕第二審訴之變更或追加及反訴

　　　（本文係九十年於臺灣高等法院高雄分院研討會中之部分書面報告、九十二年二月及六月民事訴訟法又有重大修正，故內容與現行法有若干出入）

修正新民事訴訟法之實務研討

第一單元　以集中審理為中心之民事訴訟

〔壹〕集中審理之意義

㈠指於言詞辯論期日前，儘速整理並簡化爭點及證據，將爭點及證據
於言詞辯論期日，集中予以確實調查之審理方式→相對於所謂梅雨式
（五月雨式）之向來審理方式。

　　兩種審理方式之差異：

　　①訴訟資料於辯論前之整理與掌握。

　　②訴訟資料之集中辯論——對於言詞辯論一體主義之反省。

㈡不必一次辯論期日完成，但以此為追求目的

㈢集中審理之困難點

　　①當事人與訴訟代理人之配合度。

　　②證人到場之難以掌握。

㈣是否每一案件均須集中審理？

㈤紛爭一次解決之審理 ｛ 民訴法 §199-1
　　　　　　　　　　　　　民訴法 §255 I ②～⑤

〔貳〕為達到集中審理目的之措施

㈠起訴狀記載方法之改革

　㈲民訴法第二百四十四條規定之差異及其意義

　　1.第二百四十四條第一項第二款

修正為「訴訟標的及其原因事實」——學者有依民訴法第四百二十八條第一項:「第二百四十四條第一項第二款所定事項,原告於(簡易程序)起訴時得僅表明請求之原因事實」之規定推論原因事實即為確定訴訟標的者。值得討論的是:

⑴原因事實是否構成訴訟標的?

修正理由謂:「惟『訴訟標的』之涵義必須與原因事實相結合,故參酌德國民訴法第二百五十三條及日本民訴法第一百三十三條之規定,於訴訟標的下增加『及其原因事實』,以使訴狀上表明之事項更加明確。」

德國民訴 §253 II ②「提出之請求標的與原因,及一定之聲請」

日本民訴 §133 II ②「請求之旨趣及原因」

⑵新法採傳統訴訟標的論? 新訴訟標的論? 相對訴訟標的論?

①新增 §255 I ②請求權之基礎事實同一者,與 §244 I ②之原因事實是否同一意義?

②有無程序選擇權之問題?

2. 第二百四十四條第四項關於請求金錢賠償之訴

⑴最低金額之聲明之意義如何?

⑵一部請求可否?

㈡起訴後之初步審查

依民訴第二百五十條前段,雖規定審判長應速定言詞辯論期日,惟審判長於指定期日前應詳析起訴狀之內容,決定下列事項:

㈠起訴狀不合程式者:

1. 可補正者應限期補正。須注意者,關於審判權有無之部分:

㈠事件曾經行政法院認無審判權而向民事庭起訴(或由行政法院裁定後送)者,法院如認無審判權時,應停止審判,聲請大法官解釋,但當事人合意由普通法院為審判者,由普通法院審判(§182-1)。

㈡雖屬民事事件,但行政法院認其有受理訴訟權限,而為判決確定者,普通法院受該裁判之羈束(法院組織法草案 §8 I)。

㈢當事人就法院有無受理訴訟權限有爭執者,法院應先為裁定(同草

案 §8 V)。

(D)司法院釋字第五四〇號解釋文第三段解釋意旨——普通法院與行政法院間，相互裁定移送，與訴訟繫屬之時點。

2.不能補正或逾期不為補正——§249 I 以裁定駁回原告之訴。

注意：

(A)如係無審判權之瑕疵，依法院組織法草案第八條第二項，係以裁定移送於有受理訴訟權限之法院，如有數有審判權之管轄法院而原告有指定者，移送於指定之法院。

(B)如係受訴法院無管轄權→依民訴法第二十八條以裁定移送於管轄法院，如不能依第二十八條為移送者，依第二百四十九條第一項第二款裁定駁回原告之訴，但若係因有管轄權之法院因法律上或事實上不能行使審判權者，審判長宜闡明令原告聲請或依職權請求直接上級法院指定管轄法院。

(C)因不備訴之追加要件駁回其追加之裁定確定者，原告得於該裁定確定後十日內聲請法院就該追加之訴為審判 (§258 II)。→原告聲請追加之訴為審判時，原裁定駁回追加之裁定不生追加之訴訴訟繫屬消滅之效果。

(乙)起訴經審查為合法者→進入實體關係之初步審查與處置

1.依當事人起訴之事實，在法律上顯無理由者→依第二百四十九條第二項得不經言詞辯論以判決駁回之。惟須注意，因當事人在準備程序或言詞辯論中，得補充事實上及法律上之陳述，故如有補充之可能者，審判長仍宜指定期日，令其有補充之機會。

2.依其起訴狀記載之請求原因事實其訴非顯無理由者，可採下列之一步驟進行：

(1)指定言詞辯論期日

對於案情、攻擊防禦方法簡單之事件，審判長即逕行指定言詞辯論期日，傳集當事人、調取相關證物，集中調查辯論。

(2)行書狀先行程序〔參照(三)〕

⑶行準備程序〔參照㈣〕

㈢書狀先行程序

㈠並非每一民事事件皆須行書狀先行程序

㈡須特別說明者：

1.原告於起訴狀已記載依第二百六十五條所定準備言詞辯論之事項，或經審判長依第二百六十八條規定命其提出記載完全之準備書狀，或命其提出就特定事項詳為表明或聲明所用證據；依其記載，認有使被告準備並答辯之必要時，得行書狀先行程序，使兩造先依書狀，提出各自之主張、攻擊或防禦方法，及其所用之證據。→當事人未選任律師為訴訟代理人，而其本人或代理人有不能勝任先行程序之情形時，自可不行此先行程序，直接採用準備程序。

2.書狀先行程序之書狀交換

⑴原告之起訴狀已依第二百四十四條第三項就言詞辯論之事項，已有充分之記載，由法院將訴狀繕本送達被告，被告依第二百六十七條提出答辯狀，使兩造互為攻擊防禦 (§267)。交換次數，不宜過多，適可而止。

⑵審判長如認言詞辯論之準備尚未充分，得定期間命當事人依第二百六十五條至第二百六十七條之規定，提出記載完全之準備書狀或答辯狀，並得命其就特定事項為表明或聲明其所用之證物 (§268)。

⑶為期書狀先行程序進行之順利，當事人之準備書狀或答辯狀，得以繕本或影本直接通知他造 (§265 I、§262 III、§267 II、III)。他造就曾否受領上述書狀繕本或影本有爭議時，由提出書狀之當事人釋明之 (§265 II)。

⑷準備書狀、答辯狀、再為主張或答辯之準備書狀提出之期間 (§267)。

⑸準備書狀、答辯狀應記載之事項、方式及所添具書狀之相關規定 (§266)。

⑹行書狀先行程序後法院應使當事人整理並協議爭點 (§268-1 II)，審判長於必要時，得定期間命當事人就整理爭點之結果提出摘要書狀 (§268-1 III)，此項書狀，應以簡明文字，逐項分段記載，不得概括引用原有書狀或言詞之陳述 (§268-1 IV)。

(7)當事人不依第二百六十七條、第二百六十八條、第二百六十八條之一第三項之規定提出書狀或聲明證據者，法院得依聲請或基於職權命該當事人以書狀說明其理由。當事人未依命說明者，得準用第二百六十七條之規定（失權效），或於審判時依全辯論意旨斟酌之 (§268-2)。

(四)準備程序

(甲)行準備程序之事件，不以行合議審判 (§270 I) 者為限，於行獨任制之審判，亦得準用之 (§271-1)。→得不於公開法庭整理及協議簡化爭點。

(乙)準備程序原則上以闡明訴訟關係為止。例外經法院命於準備調查程序者，亦得為之 (§270 II)。

(丙)受命法官行調查證據，以下列情形為限，以達直接審理主義之理想 (§270 III)：

1.有在證據所在地調查之必要者：如 §305。

2.依法應在法院以外之場所調查者：如 §304。

3.於言詞辯論期日調查，有致證據毀損、滅失或礙難使用之虞，或顯有其他困難者。

4.兩造合意由受命法官調查者。

為保障被告之程序利益，並準用第二百五十一條第一項、第二項之規定，訴狀應與期日通知書一併送達被告，並予被告就審期間。

(丁)受命法官得不用公開法庭形式，闡明訴訟關係，其闡明範圍如下 (§270-1)：

1.命當事人就準備書狀記載之事項為說明→不明瞭、不完足之說明與補充。

2.命當事人就事實或文書、物件為陳述→陳述事實並提出文書、物件。

3.整理並協議簡化爭點→受命法官為使訴訟順利進行，對於當事人提出之各種錯綜複雜之訴訟爭點，先行加以整理，如認其中有重複或不必要之爭點，亦得由當事人協議簡化。

4.其他必要事項。

(五)言詞辯論之實施

　　修正民事訴訟法，為使民事審判更有效率，於行言詞辯論前有書面先行程序或準備程序，以簡化爭點，使兩造於言詞辯論時，能集中就爭點為辯論，期能於一次或少數幾次言詞辯論期日，即能終結訴訟。又改採適時提出主義，使不於適當時期提出攻擊或防禦方法之當事人，發生一定失權效果，庶不致影響訴訟之終結；復採限制的續審主義，使事件不致拖延不確定，均係針對時弊所為之修正。值得注意之點如下：

　　㈠法院收受訴狀後，除應依第二百四十九條駁回原告之訴，依第二十八條裁定移送他法院，或行書狀先行程序或準備程序外，審判長應速定言詞辯論期日 (§250)。一般就審期間十日，曾行準備程序之事件五日 (§251)。

　　㈡行書狀先行程序之事件，於第一次言詞辯論期日，應使當事人整理並簡化爭點 (§268–1 II)。審判長於必要時，得定期間命當事人就整理爭點之結果，提出摘要書狀 (§268–1 III)，此項書狀審判長宜告知「應以簡明文字，逐項分段記載，不得概括引用原有書狀或言詞之陳述」(§268–1 IV)。如不依規定提出書狀或聲明證據者，法院得依聲請或依職權命該當事人以書狀說明其理由。其未依規定說明者，法院得準用第二百七十六條規定或於判決時依全辯論意旨斟酌之 (§268–2)，以促當事人注意。

　　㈢其行準備程序者，於言詞辯論時，當事人應陳述準備程序之要領，但審判長亦得令書記官朗讀準備程序筆錄代之 (§275)。當事人所應陳述之要領，其內容包括整理爭點之結果。

　　㈣法院因使辯論易於終結，認為必要時，得於言詞辯論前，為第二百六十九條之處置（比較 §203、§269 第③⑤二款）。

　　㈤法院於調查證據前，應將訴訟有關之爭點（包括未經或已經整理協議簡化之事實上爭點、法律上爭點、與訴訟有關之各種證據爭點，及其他攻擊或防禦方法），曉諭當事人 (§296–1 I)。使兩造知悉並確認事件之爭點及證據與待證事實之關聯後，始進行證據之調查。又為迅速發現真實，並達審理集中化之目標，法院訊問證人及有依第三百六十七條之一規定同時訊問當事人本人必要時，應集中為之 (§296–1 II)。

　　㈥調查證據之結果，應曉諭當事人為辯論。於受訴法院外調查證據（例

如受命法官、受託法官、或囑託其他機構團體調查證據）者，當事人應於言詞辯論時陳述其調查之結果，但審判長得令書記官朗讀調查筆錄或其他文書代之 (§297)。

㈤當事人係依第二百四十四條第四項規定，僅表明其全部請求之最低金額者，審判長於言詞辯論終結前，應告以得為補充。

㈥審判長應注意令當事人就訴訟關係之事實及法律為適當（包括適當時期、適當內容，令當事人之辯論針對爭執的法律關係，而無所逾越）完全（使當事人之辯論圓滿而無缺漏）之辯論 (§199 I)。審判長應向當事人發問或曉諭，令其為事實上或法律上之陳述，聲明證據或為其他必要之聲明或陳述；其聲明或陳述有不明瞭或完足者，應令其敘明或補充之 (§199 II)。

㈦依原告之聲明及事實上之陳述，得主張數項法律關係，而主張不明瞭或不完足者，審判長應曉諭其敘明或補充之 (§199-1 I)。被告如主張有消滅或妨礙原告請求之事由，究為防禦方法或提起反訴有疑義時，審判長應闡明之 (§199-1 II)。→不明瞭之闡明、訴訟資料補充之闡明、除去不當之闡明、新訴訟資料提出之闡明。

㈧訴訟達於可為裁判之程度者，法院應為終局判決 (§381 I)。當事人已證明受有損害而不能證明其數額或證明顯有重大困難者，法院應審酌一切情況，依所得心證定其數額 (§222 II)，不得拖延不結或逕予駁回。

〔參〕 爭點整理與協議簡化爭點

㈠整理爭點與協議簡化爭點有促進訴訟終結之效果

㈠依第二百六十六條第一項之規定，原告之準備書狀應記載：

1. 請求所依據之事實及理由。
2. 證明應證事實所用之證據。如有多數證據者，應全部記載之。
3. 對他造主張之事實及證據為承認與否之陳述；如有爭執，其理由。

㈡依第二百六十六條第二項之規定，被告之答辯狀應記載：

1. 答辯之事實及理由。
2. 證明應證事實所用之證據。如有多數證據者，應全部記載之。

3.對他造主張之事實及證據為承認與否之陳述；如有爭執，其理由。

㈢**由兩造之書狀，可初步整理為：**

1.當事人自認之事實及兩造不爭之事實。

2.當事人爭執之爭點，此爭點包括：

(1)事實上之爭點

(2)法律上之爭點

(3)各種證據上之爭點

(4)其他各種攻擊或防禦方法之爭點

3.事實上之爭點與主要事實、間接事實及其他爭點→須整理之爭點為主要事實與間接事實→此與其構成訴訟標的法律關係之構成要件事實之認定有關→法官須確定訴訟標的，並依此而擬定審理計劃，透過闡明權之行使及適度心證之公開，而簡化爭點→事實提示型之整理方法。

4.法律上之爭點→法院應透過法律意見之開示，整理並簡化爭點。

5.各種證據上之爭點→闡明證據與待證事實之關聯性，並適度公開心證，同一待證事實之證據方法有多數時之簡化→證據開示（書證之提出，預定證人之開示），例如，契約書有無或其真正之爭點，須要求提出契約書並就簽名或蓋章之真偽開示。

6.其他攻擊或防禦方法之爭執,與待證事實或構成要件事實之關聯性。

㈡**爭點之整理及簡化之方式**

㈠**由兩造當事人以書狀為之 (§268-1 III)**

審判長於必要時，得定期間命當事人就整理爭點之結果，提出摘要書狀。

㈡**由受命法官於準備程序期日，整理並簡化爭點 (§270-1 I ③)**

㈢**定期間命當事人為協議 (§270-1 II)**

㈣**言詞辯論期日，由審判長協議簡化爭點**

㈢**整理及簡化爭點之處置——限於當事人有處分權之爭點，始得協議簡化**

㈠**由當事人提出簡化爭點之摘要書狀 (§268-1 III)**

㈡**載明準備程序筆錄 (§271 ③)**

(丙)當事人共同陳明簡化之協議 (§270-1 II)

(四)整理及協議簡化爭點之效果

　　當事人就其主張之爭點依第二百七十條之一第一項第三款協議，或依第二百七十條之一第二項為協議，經共同向法院陳明者，應受其拘束。但經兩造同意變更，或因不可歸責於當事人之事由或依其他情事顯失公平者，不在此限 (§270-1 III)。

〔肆〕法院之闡明處置與心證之公開

(一)訴訟關係之闡明

　　(甲)訴訟關係係指該訴訟事件之內容及其所涉及之事實而言，非訴訟標的。

　　(乙)訴訟關係之闡明方法 (§203) —— 闡明處分。

　　　1.命當事人或法定代理人本人到場。

　　　2.命當事人提出圖案、表冊、外國文書之譯本或其他文書、物件。

　　　3.將當事人或第三人提出之文書、物件，暫留置於法院。

　　　4.依第二編第一章第三節之規定，行勘驗、鑑定或囑託機關、團體為調查。

(二)聲明、陳述、證據之闡明 (§199)

　　(甲)審判長應注意令當事人就訴訟關係之事實及法律為適當之辯論：適用法律固屬法官之職責，惟當事人主張之事實，究應適用何種法律關係，往往影響裁判之結果，為防止法官未經闡明逕行適用法律而對當事人產生突襲性裁判，除令當事人就事實為適當之陳述及辯論外，亦應令就法律觀點為必要之陳述及完全適當之辯論。

　　(乙)審判長應向當事人發問或曉諭，令其為事實上及法律上陳述、聲明證據，或為其他確定訴訟關係所必要之聲明或陳述；其所聲明或陳述有不明瞭或不完足者，應令其敘明或補充之 (§199 II)。陪席法官告明審判長後，得向當事人發問或曉諭 (§199 III)。

　　(丙)依原告之聲明及事實上之陳述，得主張數項法律關係，而其主張有不明瞭或不完足者，審判長應曉諭其敘明或補充之 (§199-1 I)。惟原告究欲

主張何項法律關係，及其是否為訴之變更或追加，仍應由原告自行斟酌決定。

　　(丁)被告如主張有消滅或妨礙原告請求之事由，究為防禦方法或提起反訴有疑義時，審判長應闡明之 (§199-1 II)。

　　(戊)原告之聲明僅表明其全部請求之最低金額者，於言詞辯論終結前，應告以得為補充 (§244 IV)。

　　(己)在確認法律關係基礎事實存否之訴，須以原告不能提起他訴為限 (§247 II)，如得利用同一訴訟程序提起他訴者，審判長應闡明之，原告因而為訴之變更或追加時，不受第二百五十五條第一項前段規定之限制 (§247 III)。如原告於第二審始為訴之變更或追加，仍應受第四百四十六條第一項前段之限制。

　　(庚)當事人提出之攻擊或防禦方法之意旨不明瞭者，應命其敘明（§196 II 後段），經命敘明而不為必要之敘明者，法院得駁回之。

(三)心證之適度公開

　(甲)心證公開之意義及作用：

　　法官於審判過程中，將其當時所得初步之暫時心證適度向兩造當事人公開，俾其知悉目前裁判的動向，適時的提出有利於己之事證，以使法官因其新事證，變動其初步的暫時心證，避免當事人受突擊性之裁判。

　(乙)心證公開之方法：

　　於審判過程中，經由闡明之處置為之。

〔伍〕 適時提出主義與限制的續審主義

(一)適時提出主義

　(甲)攻擊或防禦方法，除別有規定外，應依訴訟進行之程度，於言詞辯論終結前適當時期提出之 (§196 I)。

　　1.所謂「適當時期」宜解為依法律之規定或由法院酌定之。

　　2.逾時提出之效果，當事人意圖延滯訴訟，或因重大過失，逾時始行提出攻擊或防禦方法，有礙訴訟之終結者，法院得駁回之。攻擊或防禦方

法之意旨不明瞭，經命其敘明而不為必要之敘明者，亦同 (§196 II)。

㈡因不備訴之追加要件而駁回其追加之裁定確定者，原告得於該裁定確定後十日內聲請法院就該追加之訴為裁判 (§258 II)。逾期未聲請者，視為撤回該新訴。

㈢訴之撤回，被告於期日到場，未為同意與否之表示者，自該期日起；未於期日到場或係以書狀撤回者，自前項筆錄或撤回書狀送達之日起，十日內未提出異議者，視為同意撤回 (§262 IV)。

㈣當事人未依第二百六十七條（準備書狀、答辯狀、再為主張或答辯之準備書狀）、第二百六十八條（命提出記載完全之準備書狀或答辯狀，及就特定事項詳為表明或聲明所用之證物）、第二百六十八條之一第三項（命提出摘要書狀）之規定提出書狀或聲明證據者 (§268-2)：

　　1.法院得依聲請或依職權命該當事人以書狀說明其理由。

　　2.當事人未依前項規定說明者，法院得依第二百七十六條（失權效果）或於裁判時依全辯論意旨斟酌之。

㈤未於準備程序主張之事實，除有下列情形之一者外，於準備程序後行言詞辯論時，不得主張之 (§276)：

　　1.法院應依職權調查之事項。

　　2.該事項不甚延滯訴訟者。

　　3.因不可歸責於當事人之事由不能於準備程序提出者。關於不可歸責之事由，應釋明之。

　　4.依其他情形顯失公平者。

㈥當事人對於他造主張之事實，已於相當時期受合法之通知，而於言詞辯論期日不到場，亦未提出準備書狀爭執者，視同自認 (§280 III)。

㈦除第三百三十條第一項情形外，鑑定人已就鑑定事項有所陳述或已提出鑑定書後，不得聲明拒卻。但拒卻之原因發生在後或知悉在後者，不在此限 (§331 II)。

㈡限制的續審主義

　　㈠當事人得提出新攻擊或防禦方法。但有下列各款情形之一者，第二

審法院得駁回之 (§447)：

一、在第一審整理並協議簡化後，已不得主張之爭點。

二、經第一審法院依第一百九十六條第二項裁定駁回者。

三、經第一審法院依第二百六十八條定期間命而未提出者。

四、因當事人故意或重大過失未於第一審程序提出者。

㈡當事人在第一審就事實或證據所未為之陳述，得否於第二審程序中追復，仍應依第四百四十七條之規定辦理？

〔陸〕當事人之不熱心遂行訴訟與失權效

㈠當事人對於訴訟之遂行有協力義務

㈡失權效

㈠失權效之法理依據

1.法院已盡闡明之能事

2.法院已使當事人有陳述之機會

3.當事人不熱心遂行訴訟

㈡失權效之規定

1.逾適當時期提出攻擊或防禦方法 (§196)。但不包括訴之追加、變更、提起反訴、擴張訴之聲明、附帶上訴及法院應依職權調查之事項。

2.於第一審逾法定或裁定期間提出書狀者 (§268-2)。

3.於第一審準備程序終結後，始提出攻擊或防禦方法者 (§276)。

4.第二審逾時提出書狀者 (§444-1)。

5.第二審新攻擊防禦方法提出之限制 (§447)。

第二單元　新民事訴訟法之第二審訴訟程序

〔壹〕關於第一審訴訟程序規定之準用

依第四百六十三條規定，除本章別有規定外，前編第一章之規定，第二審程序準用之。其中特別值得吾人注意者，為書狀先行程序與準備程序之準用，俾經由整理並簡化爭點，以達集中審理、迅速終結訴訟之目標。此外關於電信傳真或其他科技設備之運用於訴訟行為，當事人訊問制度之引進等，均值吾人注意。

〔貳〕第二審上訴狀對於上訴理由記載之明定 (§441 I ④、II)

第二審上訴狀應表明上訴理由 (§441 I ④)。上訴理由應表明下列各款事項 (§441 II)：

一、應廢棄或變更原判決之理由。

二、關於前款理由之事實及證據。

修正民事訴訟法為督促當事人適時提出攻擊或防禦方法，俾第二審法院及當事人能儘早掌握上訴資料，進而整理爭點，並充分準備言詞辯論，以達集中審理之目標，乃規定上訴狀應記載上訴理由，而成為提起第二審上訴之必要程式，並規定其應表明之內容。惟為避免上訴人濫行提出新事實及新證據致增加第二審之負擔，上訴人得提出之新事實及新證據，應以關於廢棄或變更原判決之理由為限，並不得違反關於第四百四十七條有關限制提出之規定。

〔參〕上訴理由書強制提出主義

上訴狀未表明上訴理由者，審判長得定相當期間命上訴人提出理由書 (§444–1 I)。但此與第三審上訴理由書未提出之情形不同 (§471 I)。當事人

逾時提出書狀者，法院得命該當事人以書狀說明其理由 (§444–1 IV)。當事人未依前項規定說明者，第二審法院得準用第四百四十七條之規定，或於判決時依全辯論意旨斟酌之。但第二審法院不得以上訴狀未具上訴理由，認上訴不合法而以裁定駁回其上訴 (§442 III)。

〔肆〕命被上訴人提出答辯狀及命上訴人就答辯狀提出書面意見 (§444–1 III)

上訴人提出理由書後，第二審法院應速將上訴理由書送達被上訴人。審判長得定相當期間命被上訴人提出答辯狀，及上訴人就答辯狀提出書面意見 (§444–1 II, III)。當事人逾期未提出者，法院得命該當事人以書狀說明其理由。當事人未依規定說明者，第二審法院得準用第四百四十七條之規定，或於判決時依全辯論意旨斟酌之。

〔伍〕限制的續審主義 (§447)❶

為強化第一審事實審之功能，並達到審理集中化之目標，關於當事人提出攻擊或防禦方法之時期，第一百九十六條已改採適時提出主義，故當事人於第二審法院提出新攻擊或防禦方法，亦受有限制。第四百四十七條規定，當事人得提出新攻擊或防禦方法，但有下列各款情形之一者，第二審法院得駁回之：

一、在第一審整理並協議簡化後，已不得主張之爭點：

修正民事訴訟為達集中審理之目的，於第二百七十條之一第一項第三款規定，受命法官於準備程序中，為闡明訴訟關係，得整理並協議簡化爭點。同條第二項規定，受命法官並得指定七日以下期間命當事人為爭點簡化之協議。經整理並協議簡化爭點，或當事人為爭點簡化之協議者，除經兩造同意變更或因不可歸責於當事人之事由或依其他情形協議顯失公平之

---

❶ 九十二年二月修正民事訴訟法，因尤清等委員之修正，已改為非續審主義（詳請參照拙著《民事訴訟法論》下冊第七編第二章〔壹〕）。

情形外，當事人應受協議之拘束（同條第三項）。則當事人於第二審即不得再行提出。

二、經第一審法院依第一百九十六條第二項裁定駁回者：

修正民事訴訟法已將自由順序主義改為適時提出主義。攻擊或防禦方法除別有規定外，應依訴訟進行之程度，於言詞辯論終結前適當時期提出之。當事人意圖延滯訴訟或因重大過失，逾時始行提出攻擊或防禦方法，有礙訴訟之終結者，法院得駁回之。攻擊或防禦方法之意旨不明瞭，經命其敘明而不為必要之敘明者，亦同（§196）。其經第一審法院裁定駁回之攻擊或防禦方法，於第二審即不得再行提出，以加強第一審事實審之功能，並用以達到集中審理之目標。

三、經第一審法院依第二百六十八條定期間命提出而未提出者：

為達集中審理之目的，第二百六十八條規定，審判長如認言詞辯論之準備尚未充足，得定期間命當事人依第二百六十五條至第二百六十七條之規定，提出記載完全之準備書狀，並得命其就特定事項詳為表明，或聲明所用之證據。當事人未依上開規定提出書狀或聲明證據，又未說明理由，經第一審法院依第二百六十八條之二第二項規定判決後，該當事人於第二審法院，亦不得再提出該攻擊或防禦方法，以促當事人盡其協力迅速進行訴訟之義務。

四、因當事人之故意或重大過失未於第一審程序提出者：

本法第一百九十六條已採適時提出主義，當事人於第一審法院審理中，自應依第一審訴訟進行之程度，適時提出攻擊或防禦方法，若當事人故意或重大過失未於第一審提出者，在第二審始提出時，第二審法院自得駁回之，以促當事人盡其事實提出之義務。

〔陸〕更審之辯論

㈠受發回或發交之法院，應以第三審法院為廢棄理由之法律上判斷為其基礎 (§478 III)。

㈡第三審發回更審之事件，其辯論範圍不以第三審判決理由所指示之事項為限，第二審法院就第三審未指示調查而應調查之事項，應注意調查認定，不得遺漏。但當事人提出新訴訟資料，應受第四百四十七條之限制。

㈢本於更審辯論所為之判決，得較前次判決更不利於上訴人。

〔柒〕第二審訴之變更或追加及反訴

㈠訴之變更或追加

訴之變更或追加，非他造同意，不得為之。但第二百五十五條第一項第二款至第六款之情形，不在此限 (§446 I)。分述如下：

1. 請求之基礎事實同一者。

2. 擴張或縮減應受判決事項之聲明者。

3. 因情事變更而以他項聲明代最初之聲明者。

4. 該訴訟標的對於數人必須合一確定時，追加其原非當事人之人為當事人者。

5. 訴訟進行中，於某法律關係之成立與否有爭執，而其裁判應以該法律關係為據，並求對於被告確定其法律關係之判決者。

㈡反　訴

在第二審提起反訴，非經他造同意不得為之 (§446 II)，此項同意，得以書狀或言詞 (§122 I) 為之。有下列情形之一者，雖未經他造同意，亦得為之（§446 II 但）：

1. 於某法律關係之成立與否有爭執,而本訴裁判應以該法律關係為據，並請求確定其法律關係者：此項反訴，性質上亦屬中間確認之訴。其由第一審原告提起者，為依第四百四十六條第一項規定追加之中間確認之訴，其由被告提起者，則為本款之反訴。

　2.就同一訴訟標的有提起反訴之利益者：例如本於買賣關係提起之給付買賣標的物訴訟中，於第二審提起請求給付價金之反訴是。

　3.就主張抵銷之請求尚有餘額部分，有提起反訴之利益者：例如原告提起請求給付價金新臺幣五十萬元之本訴中，被告主張對於原告有新臺幣八十萬元之票據債權已到期，其中五十萬元抵銷價金債務，並就餘額三十萬元提起反訴，請求給付三十萬元票款是。

　4.他造於提起反訴無異議，而為本條之言詞辯論者❷。

　此外，人事訴訟程序之婚姻事件 (§572) 及親子關係事件 (§588、§596)，在第二審提起反訴，亦無須得他造當事人之同意。

---

❷　本款規定於九十二年二月本法修正時，因尤清等委員之修正而刪除（詳論請參照拙著前揭書同章〔肆〕二）。

集中審理與訴訟指揮權之行使

要　目

八十九年三月二十一日「民事訴訟法修正實施後之審判實務——以集中審理為中心」之書面報告（大綱）（九十二年二月及六月民事訴訟法有重大修正，故內容與現行法稍有出入）（載於《法官協會雜誌》第一卷第二期）

集中審理與訴訟指揮權之行使

〔壹〕概　說

修正民事訴訟法，為提高民事審判之效率，增強人民對於民事審判之信賴，除審判上，改採集中審理制，增設爭點整理及協議簡化爭點規定外，對於訴訟指揮亦作若干增修規定以為配合。摘要敘述如下：

〔貳〕關於一般闡明部分

一、審判長應注意令當事人就訴訟關係之事實及法律為適當完全之辯論 (§199 I)。適用法律固屬法官之職責，惟當事人主張之事實，究應適用何種法律關係，往往影響裁判之結果，為防止法官未經闡明逕行適用法律而對當事人產生突襲性裁判，除令當事人就事實為適當之陳述及辯論外，亦應令就法律觀點為必要之陳述及完全適當之辯論。

二、審判長應向當事人發問或曉諭，令其為事實上及法律上陳述，或為其他確定訴訟關係所必要之聲明或陳述，聲明證據或為其他必要之聲明及陳述；其所聲明或陳述有不明瞭或不完足者，應令其敘明或補充之 (§199 II)。陪席法官告明審判長後，得向當事人發問或曉諭 (§199 III)。

三、依原告之聲明及事實上之陳述，得主張數項法律關係，而其主張不明瞭或不完足者，審判長應曉諭其敘明或補充之 (§199-1 I)。惟原告究欲主張何項法律關係，及其是否為訴之變更或追加，仍應由原告自行斟酌決定。

四、被告如主張有消滅或妨礙原告請求之事由，究為防禦方法或提起反訴有疑義時，審判長應闡明之 (§199-1 II)。

五、原告之聲明僅表明其全部請求之最低金額者，於言詞辯論終結前，應告以得為補充 (§244 IV)。

六、在確認法律關係基礎事實存否之訴，須以原告不能提起他訴者為限 (§247 II)，如得利用同一訴訟程序提起他訴者，審判長應闡明之。原告因而為訴之變更或追加時，不受第二百五十五條第一項前段規定之限制 (§247 III)。如原告於第二審始為訴之變更或追加，仍應受第四百四十六條第一項前段之限制。

七、當事人提出之攻擊或防禦方法之意旨不明瞭者，應命其敘明 (§196 II 後段)，經命敘明而不為必要之敘明者，法院得駁回之。

八、受命法官闡明訴訟關係 (§270–1)

1.程序：得不用公開法庭之形式。

2.範圍：⒜命當事人就準備書狀記載之事項為說明。

⒝命當事人就事實或文書、物件為陳述。

⒞整理並協議簡化爭點。

⒟其他必要事項。

3.命自行協議簡化爭點，並共同向法院陳明。

〔參〕關於訴訟進行之指揮

一、關於言詞辯論期日前之訴訟指揮

1.法院收受訴狀後，審判長應速定言詞辯論期日。但依前條 (§249) 規定應逕行駁回，或依第二十八條之規定移送他法院，或須行書狀先行程序者，不在此限 (§250)。所謂書狀先行程序：

⑴第二百六十五條所定準備言詞辯論之事項，宜於訴狀內記載之 (§244 III)。

⑵攻擊或防禦方法，除別有規定（如 §276、§447）外，應依訴訟進行之程度，於言詞辯論終結前適當時期提出之。→適時提出主義。

①當事人意圖延滯訴訟。

②因重大過失，逾期始行提出攻擊或防禦方法。

③攻擊或防禦方法之不明瞭，經命其敘明而不為必要之敘明者。

法效果→法院得駁回之。

⑶書狀之交換

①除原告之起訴狀已依第二百四十四條第三項就言詞辯論之事項，已有充分之記載，由法院將訴狀繕本送達被告，被告依第二百六十七條提出答辯狀，使兩造互為攻擊防禦 (§267)。

②審判長如認言詞辯論之準備尚未充分，得定期間命當事人依第二百六十五條至第二百六十七條之規定，提出記載完全之準備書狀或答辯狀，並得命其就特定事項為表明或聲明其所用之證物 (§268)。

③為期書狀先行程序進行之順利，當事人之準備書狀或答辯狀，得以繕本或影本直接通知他造 (§265 I、§262 III、§267 II、III)。他造就曾否受領上述書狀繕本或影本有爭議時，由提出書狀之當事人釋明之 (§265 II)。

④準備書狀、答辯狀、再為主張或答辯之準備書狀提出之期間 (§267)。

⑤準備書狀、答辯狀應記載之事項、方式及所添具書證之相關規定 (§266)。

⑥行書狀先行程序後，法院應使當事人整理並協議爭點 (§268–1 II)，審判長於必要時，得定期間命當事人就整理爭點之結果提出摘要書狀 (§268–1 III)，此項書狀，應以簡明文字，逐項分段記載，不得概括引用原有書狀或言詞之陳述 (§268–1 IV)。當事人未委任律師為訴訟代理人，且欠缺法律專業知識者，不宜命為提出摘要書狀。

⑦當事人不依第二百六十七條、第二百六十八條、第二百六十八條之一第三項之規定提出書狀或聲明證據者，法院得依聲請或依職權命該當事人以書狀說明其理由。當事人未依命說明者，得準用第二百六十七條之規定 (失權效)，或於判決時依全辯論意旨斟酌之 (§268–2)。

2.法院於必要時，得行準備程序 (§270、§271–1)。關於準備程序：

⑴行準備程序之事件，不以行合議審判 (§270 I) 者為限。於行獨任制之審判，亦得準用之 (§271–1)。→得不於公開法庭整理及協議簡化爭點。

⑵準備程序原則上以闡明訴訟關係為止。例外經法院命於準備程序調查證據者，亦得為之 (§270 II)。

⑶受命法官行調查證據，以下列情形為限，俾達直接審理主義之理想 (§270 III)：

①有在證據所在地調查之必要者：如 §305。

②依法應在法院以外之場所調查者：如 §304。

③於言詞辯論期日調查，有致證據毀損、滅失或礙難使用之虞，或顯有其他困難者。

④兩造合意由受命法官調查者。

為保障被告程序利益，並準用第二百五十一條第一項、第二項之規定，訴狀應與期日通知書一併送達被告，並予被告就審期間。

⑷受命法官得不用公開法庭形式，闡明訴訟關係，其闡明範圍如下 (§270-1)：

①命當事人就準備書狀記載之事項為說明→不明瞭、不完足之敘明與補充。

②命當事人就事實或文書、物件為陳述→陳述事實並提出文書、物件。

③整理並協議簡化爭點→受命法官為使訴訟順利進行，對於當事人提出之各種錯綜複雜之訴訟爭點，先行加以整理，如認其中有重複或不必要之爭點，亦得由當事人協議簡化。關於簡化爭點：

受命法官得不用公開法庭之形式，整理並協議簡化爭點 (§270-1 I③)。受命法官於整理並協議簡化爭點時，得採：

A.事實提示型方式❶，將事件之重要事實（主要事實及重要間接事實）與非重要事實（無關聯性事實）予以區分，依其爭點決定舉證責任之所在及關於證據或其他攻擊防禦方法，作成爭點整理案，開示案情，確實把握之爭點，以便於證據之調查。

B.證據的開示（書證之提出、預定證人之開示），例如於契約書成為爭

---

❶ 參照小林昭彥著〈民事集中審理の實務〉《ジュリスト》1997.3.15. 1108 期）第 73 頁。

點之情形，須要求提出契約書，並就簽名、蓋章為認否或其情事之開示，為爭點整理所不可缺。

有時因真實證據之提出而解消爭點，故除彈劾證據外，證書之提出對於爭點之整理相當有助益。

C.法官適當心證的公開及法律見解的開示❷，亦有助於爭點之整理與協議簡化爭點。

D.受命法官為整理及協議簡化爭點，認為適當時，得暫行退席或命當事人退庭，或指定七日以下之期間命當事人就雙方主張之爭點，或其他有利於訴訟終結事項，為簡化之協議，並共同向法院陳明。但指定期間命當事人為協議者，以二次為限 (§270-1 II)。

E.準備程序筆錄應記載下列各款事項 (§271)：

(a)當事人之聲明及所用之攻擊或防禦方法。

(b)對於他造之聲明及攻擊或防禦方法之陳述。

(c)前條第一項所列各款事項及整理爭點之結果。

F.準備程序至終結時，應告知當事人，並記載於筆錄 (§274)。

G.協議爭點之效力 (§270-1 III)：

當事人主張之爭點，經依：

(a)第二百七十條之一第一項第三款協議者（包括協議簡化、確認）。

(b)第二百七十條之一第二項命當事人為協議，經共同向法院陳明者。

當事人應受協議拘束。但經兩造同意變更，或因不可歸責於當事人之事由或依其他情形協議顯失公平者，不在此限。

H.未於準備程序主張之事項，除有下列各款情形之一者外，於準備程序後行言詞辯論時，不得主張之 (§276)：

(a)法院應依職權調查之事項。

(b)該事項不甚延滯訴訟者。

---

❷　參照阿多麻子著〈法的觀點指摘義務〉(《判夕》1004 期 1999.9.15)，松浦正弘著〈心證の開示〉(載於《辯護士からみたドイツ民事訴訟法の實態》，第 167 頁以下，成文堂)。

(c)因不可歸責於當事人之事由不能於準備程序提出者。對於不可歸責之事由，應釋明之❸。

(d)依其他情形顯失公平者。

怠忽之責任與失權效果間，是否須合乎比例原則 (Verhältnismässigkeit) 問題。

(5)其他必要事項。

3.審判長如認言詞辯論之準備尚未充足，得定期間命當事人依第二百六十五條至第二百六十七條之規定，提出記載完全之準備書狀或答辯狀，並得命其就特定事項詳為表明或聲明所用之證據。

4.於行書狀先行程序後，行言詞辯論時，於第一次期日，應使當事人整理並協議簡化爭點 (§268–1 II)，審判長於必要時，得定期間命當事人就整理爭點之結果，提出摘要書狀 (§268–1 III)。

5.言詞辯論前必要之處理 (§269)。

二、言詞辯論期日開始後，有關訴訟指揮之特別規定

1.開閉言詞辯論及再開言詞辯論 (§198、§209)。

2.審判長之闡明及協議簡化爭點。

3.第三人承當訴訟之准許 (§254 II)。

4.訴之追加、變更之准駁 (§258 I) 及追加之訴駁回確定後之審判 (§258 II)。

5.命提準備書狀及摘要書狀 (§268、§268–1 III)。

6.命再開已終結之準備程序 (§274 II) 及言詞辯論程序 (§210)。

7.於言詞辯論期日調查證據 (§209)。

8.定調查證據之期間 (§287)。

---

❸　修正第二百八十四條但書規定:「但依證據之性質不能即時調查者,不在此限」。於認定證據調查之即時性時，應斟酌證據之性質，而為妥適之判斷。例如依事件之性質認為適當，且不致延滯訴訟時，法院得展期日而為調查。或允證人或當事人提出書面陳述以代到庭作證是。

9. 於他造有證據妨礙之情形，令當事人有辯論之機會 (§282-2)。

10. 為發見真實認必要時，得依職權調查證據。法院為此項調查時，應令當事人有陳述意見之機會 (§288)。

11. 命囑託調查 (§289、§290、§295)。囑託他法院法官調查證據者，審判長應告知當事人得於該法院所在地指定應受送達之處所，或委任住居該地之人為訴訟代理人，陳報受囑託之法院 (§291)。

12. 法院於調查證據前，應將訴訟有關之爭點曉諭當事人（§296-1，確認爭點及範圍），法院訊問證人及當事人，應集中為之 (§296-1 II)。

13. 調查證據之結果，應曉諭當事人為辯論。於受訴法院外調查證據者，當事人應於言詞辯論時陳述其調查之結果。但審判長得令書記官朗讀調查證據筆錄或其他文書代之 (§297)。

14. 證人須依據文書、資料為陳述，或依事件之性質、證人之狀況，經法院認為適當者，得命兩造會同證人於公證人前作成陳述書狀 (§305 II)。經兩造同意者，證人亦得於法院外以書狀為陳述 (§305 III)。證人以書狀為陳述者，仍應具結，並將結文附於書狀，經公證人認證後提出 (§305 VI)。

15. 證人所在與法院間有聲音及影像相互傳送之科技設備而得直接訊問，並經法院認為適當者，得以該設備訊問之 (§305 V)。並應於訊問前或訊問後具結 (§305 VI)。

16. 證人得以電信傳真或其他科技設備將第二項、第三項及前項文書傳送於法院，效力與提出文書同 (§305 VII)。

17. 當事人得聲請審判長對於證人為必要之發問，或向審判長陳明後自行發問。前項發問，亦得就證言信用之事項為之 (§320 I、II)。發問與應證事實無關、重複發問、誘導發問、侮辱證人或有其他不當情形，審判長得依聲請或依職權限制或禁止之。對此限制或禁止有異議者，法院應就其異議為裁定 (§320 III、IV)。

18. 法院如認證人在當事人前不能盡其陳述者，得於其陳述時命當事人退庭。但證人陳述畢後，審判長應命當事人入庭，告以陳述內容之要旨 (§321 I)。法院如認證人在特定旁聽人前不能盡其陳述者，得於其陳述時命該

旁聽人退庭 (§321 II)。

19.法院於選任鑑定人前，得命當事人陳述意見；其經當事人合意指定鑑定人者，應從其合意選任之。但法院認其人選顯不適當時，不在此限 (§326 II)。

20.法院於必要時，得依職權或依聲請命證人或當事人提供鑑定所需資料 (§337 I)，當事人亦得向鑑定人提供意見 (§337 II)。

21.聲請命他造提出之文書，如應命其提出之文書或文書之內容之表明顯有困難時，法院得命他造為必要之協助 (§342 III)。

22.就與本件訴訟有關之事項所作之文書，其內容涉及當事人或第三人之隱私或業務秘密，如予公開，有致當事人或第三人受重大損害之虞者，當事人得拒絕提出。但法院為判斷其有無拒絕提出之正當理由，必要時，得命其提出，並以不公開之方式行之 (§344 II)。

23.當事人無正當理由不從提出文書之命者，法院得審酌情形認他造關於該文書之主張或依該文書應證之事實為真實。於此情形，於裁判前應令當事人有辯論之機會 (§345)。

24.法院以裁定命第三人提出文書或定由舉證人提出文書之期間前，應使該第三人有陳述意見之機會 (§347)。

25.第三人無正當理由不從提出文書之命者，法院於必要時，並得以裁定命為強制處分。此項強制處分之執行，準用強制執行法關於物之交付請求權執行之規定（強制法 §124 以下）。對於此項裁定得為抗告 (§349 III)，抗告中不停止執行。

26.當事人或代理人就真正之文書，故意爭執其真正時，有裁定處罰之規定 (§357-1)。

27.當事人就其本人之簽名、蓋章或按指印為不知或不記憶之陳述者，應否推定為真正，由法院審酌情形斷定之 (§358)。

28.文書、物件或呈現其內容之書面，其作成之人、時、地等相關資料，於法院取捨證據之心證，有重大影響，持有人如僅提出原件而未附呈現其內容之書面，或雖提出書面而其記載不完全，或係使用特殊符號或專業用

語者，法院均難以辨讀其內容，故第三百六十三條規定，法院於必要時，得命說明之。

29.當事人本人作為證據方法之訊問 (§367–1)。

30.宣示裁判 (§223)。

民事訴訟法第三百四十條規定修正後之若干疑義

要　目

（本文原載於《法官協會雜誌》第六卷第一期 93.6）

民事訴訟法第三百四十條規定修正後之若干疑義

〔壹〕前 言

　　八十九年二月本法修正前（下稱舊法），第三百四十條規定：「法院依第二百八十九條之規定，囑託機關或團體陳述鑑定意見或審查之者，準用第三百三十五條至第三百三十八條之規定，其鑑定書之說明，由該機關或團體所指定之人為之」。一般教科書將此規定稱之為「囑託鑑定」❶。修正時係以「按法院依第二百八十九條之規定，有囑託機關、團體為鑑定或審查意見之權限，因該條文係通則規定，其適用乃當然，爰將原條文「法院依第二百八十九條之規定」等文字修正為「法院認為必要時」，以求簡潔。又本國之機關、團體原則上有受法院囑託鑑定之公法上義務，然外國機關、團體則非依條約或其他協定，並無接受我國法院囑託鑑定之義務，爰規定得「商請」其為鑑定或審查鑑定意見，以免遭誤會❷，乃將同條修正，第一項規定：「法院認為必要時，得囑託機關、團體或商請外國機關、團體為鑑定或審查鑑定意見。其須說明者，由該機關或團體所指定之人為之」。第二項規定：「本目關於鑑定人之規定，除第三百三十四條及第三百三十九條外，於前項情形準用之」。對於本條修正，姚瑞光老師提出諸多評論，值得探討，身忝研究修正委員末席，無論原因如何，未善盡職責，即應自責檢討。茲發現本條之修正，似有若干疑義，提出供實務及將來再修正時之參考。

---

❶　參照姚瑞光先生著《民事訴訟法論》（九十三年二月版）第四七二頁（下簡稱姚著），王甲乙、楊建華、鄭健才合著《民事訴訟法新論》（九十二年八月版）第四五一頁（下簡稱王等著）。吳明軒著《中國民事訴訟法》（中冊）第九二七頁（八十二年十一月版）。此名稱或源於日本民事訴訟法第二百十八條規定稱為「鑑定の囑託」而來。惟其規定內容與本法規定不同。

❷　參照八十九年三月司法院編印民事訴訟法部分條文對照表暨總說明、辦理民事訴訟事件應行注意事項第一五二頁本條修正說明一。

〔貳〕諸疑義之提出及淺見

一、第二百八十九條所定囑託為必要調查，其受囑託者在法律上的定位問題

舊法第二百八十九條規定「法院得囑託機關、學校、商會、交易所或其他團體為必要之調查」。新法將之列為第一項，並增訂「受託者有為調查之義務」，使受託者，負有受託調查之公法上義務，協助法院為調查。另增設第二項「法院認為適時時，亦得商請外國機關、團體為必要之調查」，以有別於囑託本國機關、團體等之調查。據此規定，法院之囑託機關、團體等為調查，係於調查證據程序中，以機關、團體為調查機關（主體），協助法院為調查，故受囑託之機關團體為法院之輔助機關，而非證據方法之鑑定的鑑定人。

二、新法第三百四十條第一項規定之疑義

舊法第三百四十條關於「囑託鑑定」，係以「法院依第二百八十九條之規定，囑託機關、團體陳述鑑定意見或審查之者」為前提，故從依第二百八十九條為囑託言，依一、之說明，受託機關、團體具有法院之輔助機關之地位；同時受託者，係在陳述（他鑑定人之）鑑定意見或審查（他鑑定人之）鑑定意見，而非對鑑定事項本身（證據方法）重為鑑定，惟其表述之意見類似鑑定性質，故準用第三百三十五條至第三百三十八條之規定，可利用在法院之資料等，個別或共同提出書面意見❸。惟新法第三百四十條第一項規定，已刪除「法院依第二百八十九條之規定」之文字，改為「法院認為必要時」，復將原定「囑託機關、團體陳述鑑定意見或審查之」改為「囑託機關、團體為鑑定或審查鑑定意見」後，第三百四十條第一項似已改變舊法為「囑託鑑定」之性質。淺見以為新法第三百四十條第一項之囑託，有四種型態：

---

❸ 參照前引姚著第四七二頁。

1.法院認為必要時，得囑託機關、團體為鑑定。

2.法院認為必要時，得商請外國機關、團體為鑑定。

3.法院認為必要時，得囑託機關、團體審查鑑定意見。

4.法院認為必要時，得商請外國機關、團體審查鑑定意見。

於 1. 及 2. 之情形，似以法院依第三百二十六條第一項選任之鑑定人應為自然人❹，故第三百二十六條以下至第三百三十八條之規定，均係以自然人之鑑定人為前提之規定。機關、團體（包括外國機關、團體）原非證據方法，為使其具鑑定人之資格，故規定得囑託其為鑑定❺。此與舊法之囑託其陳述（他人之）鑑定意不同。果爾，於 1. 之情形，雖謂囑託，似與第三百二十六條第一項所定法院「選任」應無不同，於 2. 之情形，在選任其為鑑定人之前，自應先商請該外國機關、團體得其同意後，再選任其為鑑定人，此時，該機關、團體為鑑定人，而非舊法之「囑託鑑定」，「其須說明者，雖由該機關或團體所指定之人為之」，但該所指定之人，尚非鑑定人，與第三百三十五條第二項規定命鑑定人到場說明者不同。依上說明，於 1. 之情形，關於鑑定（第三目）之規定，除專屬自然人為鑑定人之規定外，應適用於以機關、團體為鑑定人之情形。至 2. 之情形，除於商請時，有特別約定外，宜解為亦有其適用或準用。

於 3. 及 4. 之情形，受囑託之機關、團體並非在鑑定當事人聲請鑑定所表明鑑定之事項（參照第三百二十五條），而係法院已將該鑑定之事項選任鑑定人為鑑定後，就其提出之鑑定書或說明之鑑定意見，囑託機關、團體就其鑑定書或鑑定意見為審查，提出其審查鑑定之意見，供法院取捨該鑑定書或鑑定意見之參考❻。不屬嚴格意義的鑑定，而頗與行政訴訟法第一百六十二條之徵詢鑑定書意見相似。惟此情形類皆以該機關、團體具有學術研究，有特別學識經驗，並以其為背景審查鑑定，性質上與鑑定相類似，

---

❹ 依❷本條修正理由二、，似認當然包括機關、團體在內。

❺ 此係著者對於依新法規定而提出之淺見。

❻ 此在現代型訴訟中，就涉及之專門性科學的鑑定問題，於學者專家對該問題尚有對立之爭論時，此類審查鑑定意見對於法官在評價、取捨鑑定意見時，極有助益。

為順利審查，自應准其利用鑑定所需資料（準用第三百三十七條），請求報酬及費用（準用第三百三十八條），但其非鑑定人，自不生命其具結之問題。

三、新法第三百四十條第二項規定之疑義

　　新法第三百四十條第一項規定，可析分為四種型態，而有二種不同性質已如二、所述。新法第三百四十條第二項規定：「本目關於鑑定人之規定，除第三百三十四條及第三百三十九條外，於前項情形準用之」。其修正說明謂：「本目之規定，因第三百二十四條及第三百二十五條係通則規定」，故無論鑑定人係自然人或為機關、團體均當然適用。至其他關於鑑定人之規定，除第三百三十四條及第三百三十九條外，在性質上許可範圍內，亦得準用。原條文僅規定準用第三百三十五條至第三百三十八條之規定，自難因應實際需要，爰將擴大，以期周延❼。準此，依第三百二十六條第一項規定，法院選任鑑定人時，即可選任自然人及機關、團體。如再參照本條修正說明一、，則第三百四十條第一項關於「囑託機關、團體或商請外國機關或團體為鑑定」之規定，不但文字上未見簡潔，且非必要。而同條第二項關於以機關、團體為鑑定人之情形，除第三百三十四條及第三百三十九條規定，準用本目（第三目）關於鑑定人之規定亦屬多餘。至同條項關於「囑託機關、團體或商請外國機關、團體審查鑑定意見」之規定，其非嚴格意義之鑑定人已如二、所述，有無再擴大準用關於鑑定人規定之必要，亦值得商榷。

〔參〕結　語

　　新法（指第三百四十條）施行以來已逾四年，實務上似未聽聞適用上發生疑問，或因此類事件鮮見，偶或有之，可能亦未仔細推敲，致未能蒐得相關疑問的實務上見解，是應如以上分析，分別情形處理（包括其準用鑑定人相關規定之範圍）？仍屬存疑。拜讀姚瑞光老師新著，受啟發至多，遂將檢討所發生的疑義提出，就教於諸法界先進，請不吝指教！

---

❼　參照❷本條修正說明二、。

法院對於民事事件與行政事件審判權
衝突之解決上若干問題之檢討

要　目

（本文係民訴法研究會第八十六次研討會書面報告）

法院對於民事事件與行政事件審判權衝突之解決上若干問題之檢討

〔壹〕前　言

　　本會第二十次研討會張教授特生先生提出民事法院與行政法院的權限衝突問題後，已歷八年。其間因民事訴訟法與行政訴訟法的修正，尤其八十七年行政訴訟法之全面修正，增加行政訴訟類型及其審判權之範圍❶，所生審判權衝突問題益顯突出。人民、行政機關或法院聲請大法官解釋之此類案件日增。個人參加民事訴訟法及行政訴訟法之修正，並於司法院釋字第五四〇號解釋中，提出部分不同意見書，對此審判權衝突之解決上有若干問題，仍在不斷檢討。惟因在大法官任期屆滿前後，許多雜事需作處理，無暇拜讀學者對此問題之論文，加以相關資料打包由辦公室搬回住家，近八十箱之資料，經近二個月的整理，大體有些頭緒，始發現原來準備提出研討之若干問題，已有論文討論❷，因此，臨時將報告之內容重作調整，思慮不周或謬誤之處，當不在少，尚請諸位教授不吝指教。

〔貳〕二元訴訟制度下，法院（民事法院及行政法院）間審判權之衝突之必然性

　　我國關於民事訴訟與行政訴訟之審判，係採二元訴訟制度，分由不同性質之法院審理。某一事件，應依民事訴訟程序由民事法院審判，抑應依行政訴訟法由行政法院審判？依司法院釋字第四六六號解釋，除法律別有

---

❶　行政訴訟法（八十七年修正，八十九年施行）第三條及第四條至第十條。

❷　諸如陳錫平著〈審判權錯誤及審判權衝突之研究〉《台灣本土法學》第五十一期、第五十二期），許士宦著〈審判法院之選擇與舉證責任之分配〉《台灣本土法學》第五十二期）。吳東都著《行政訴訟與行政執行之課題》（二〇〇三年十月，學林）第一四六頁以下等。

規定外，關於因私法關係所生之爭執，由普通法院審判，因公法關係所生
之爭執，則由行政法院審判。換言之，係採立法優先原則，不問事件之性
質如何，如法律定有其審判法院時，即由該法院審判。行政訴訟法亦本此
原則，於第二條規定：「公法上之爭議，除法律別有規定外，得依本法提起
行政訴訟」。例如屬公法關係所生公職人員選舉罷免訴訟、國家賠償訴訟、
違反道路交通處罰條例處分之異議事件❸，依法律之規定係由普通法院審
判是。此外事件是由公法關係所生或由私法關係所生？因公法與私法如何
區分，學者及實務上見解向來分歧❹，一般人民更不易分辨，則原告就同
一事件，向行政法院或民事法院起訴，可能因法院對於公私法關係之認知
不同，本於法官獨立審判之結果，而有均被受理或均被駁回不予受理之虞，
必然發生審判權衝突問題。在往昔專制威權時期，行政以統治行為為主軸，
而得作為行政爭訟之事項又受有限制，行政訴訟事件不多❺，加以最高法
院判例上謂：民事訴訟制度原為保護私法上權利而設，故凡人民對國家本
於公法權力之作用所為處分（即行政處分）有所不服，應向該管行政官署
提起訴願，不得依民事訴訟程序，向普通法院訴請裁判❻。是關於事件之
公私法屬性之區分雖然必要，但因公法關係之救濟之途受限，故此項區分，
尚不受重視。但至晚近，由於民主政治日臻成熟，國民要求權利保護之意
識日漸高漲，在公權利受侵害之救濟制度尚未完備前，司法院解釋已作相
當補救而謂：「在相關制度尚未完備以前，為提供人民確實有效之司法救濟
途徑……（於）行政救濟程序結果不能獲得實現時，應許向普通法院謀求
救濟……」❼，採用所謂法院補充性、代替性原則」❽。惟自八十七年修

---

❸ 參照公職人員選舉罷免法第一百零八條、國家賠償法第十一條及第十二條、道
　路交通處罰條例第八十七條。

❹ 賴恆盈著《行政法律關係之研究》(2003. 元照) 第九十二頁以下。渡部吉隆著・
　園部逸夫補訂：《行政訴訟の法理論》(1998・一粒社) 第十四頁以下。

❺ 我國行政法院（最高行政法院前身）四十九年在臺復行審判職務時，當年全年
　度新收案件僅二十三件（參照司法院七十二年編印《司法史實記要》第一三七
　頁）。

❻ 最高法院十九年上字第二四一四號判例。

正行政訴訟法於八十七年十月修正公布，八十九年七月一日施行以後，有
關公法上爭議事件，除法律別有規定外，得依新行政訴訟法提起行政訴訟
（行訴法第三條）。行政爭訟之救濟制度，可謂業已相當完備，加以現代民
主國家，為增進人民福祉，行政多元化，給付行政、福利行政倍增，國家
與人民間成立之行政契約等，均使國家行政行為趨於減少其權力色彩，而
與私法行為相接近；再者國家為推行一定之政策，對於人民間、或國家與
人民間所成立之私法關係，就其法律關係之成立、消滅或內容，基於社會
主義的觀念 (socialistic ideas)，常有公權力之介入，而有所謂私法公法化現
象 (officialization)，亦致該法律關係所生法律效果之爭議事件，屬民事事件
抑行政事件，常生難以定性，因生法院在審判上，是否屬其權限內得以審
判之事件，而有審判權衝突分歧之情形❾，可知民事事件與行政事件之劃
分，在普通法院之外，另設行政法院之國家恆為困難之問題❿，亦為必然
之現象。又法院就訴訟事件審判權之衝突，可分二種類型，即積極之衝突
與消極之衝突。前者係普通法院與行政法院均認其對該訴訟事件有審判權，
而就該訴訟事件為實體之裁判；後者則係普通法院與行政法院均認其對該
訴訟事件無審判權，而就該訴訟事件從程序上駁回其訴⓫。

〔參〕法院對於訴訟事件審判權之有無，決定於原告起訴之時？抑法院審理之結果？

依上說明，法院對於訴訟事件，不屬其法院之權限者（即無審判權者），
法院應以裁定駁回其訴⓬。準此規定，原告對於其向法院所提起訴訟事件，

---

❼　參照司法院釋字第四六六號解釋。

❽　參照許士宦前揭❷論文第一五二頁。

❾　例如耕地租賃關係中，租金約定，租賃關係之終止，租賃期間屆滿時收回耕地
　　等之爭議所涉訟是。參照渡部著前揭書第十四頁。

❿　參照司法院釋字第八九號解釋三位大法官不同意見書、釋字第五三三號解釋吳
　　庚大法官協同意見書。

⓫　參照民事訴訟法第二百四十九條第一項第一款，行政訴訟法第一百零七條第一
　　項第一款規定。

該法院有無審判權，應負原始的（或第一次）可能受不利益裁判之危險。因而有所謂「要麵包卻給石頭般地冷酷無情」之譏 ❸。第此一問題之探討，似難一概而論。當事人就其權利受侵害時，應循如何之合法途徑解決，於起訴之前，不能如古時訴訟制度不完善之時一般，原告祇須提出事實，裁判者（當時未必為法院）即給結果，而須作相當之準備及決定（包括向何法院提起如何之訴訟），故訴訟事件之屬性並無何疑義者，原告決定起訴之法院無審判權者，自應就其決定錯誤負責，而不能轉嫁法院，指其冷酷無情，否則該法律條文之規定，即無意義。惟訴訟事件，在若干情形下，就其為民事事件抑行政事件屬性上不易辨別，現行制度下人民又不能聲請司法院大法官解釋 ❹，復無審判權衝突法院制度可資解決，須人民（原告）選擇正確之審判權法院，其權利始獲司法保護，自非司法保護人民權利之道。於此情形，即有設特別救濟途徑之必要。

從我國實務上所生審判權衝突之爭議觀察，個人粗淺之看法，覺得有二點值得注意：

㈠原告起訴之訴訟標的及其範圍，可能因審判長未能妥適為闡明之處置，致法院在認定審判權之有無，有所誤解。在本會第二十次研討會時，已故楊建華教授即提到「公法上的關係及私法上的關係有時很難認定。但是，在大多數的情形，還是可以從形式上來認定。我想，應該以原告所主張作為訴訟標的法律關係來判斷，而不以法院在實體上判斷的結果來認定。原告起訴主張的為公法上法律關係是屬行政法院的權限，所起訴主張的為私法上的法律關係是屬民事法院的權限，究竟是誰的權限，是程序法上的問題，既是程序法上合法與否的問題，自當從原告所主張的法律關係，從形式上來認定」 ❺。此一見解個人覺得值得參考。實務上所生之諸多實例

---

❷　法院就訴訟事件審判權之有無，無從命原告補正使其訴合法，不生上述❶各該條第一項但書命補正問題。

❸　參照陳錫平前揭論文（上）第二一五頁。

❹　參照司法院大法官審理案件法第五條第一項第二款、第七條第一項第二款。

❺　參照本會發行《民事訴訟之研究㈡》（七十六年）第三○九～三一○頁楊建華

中，審判權之衝突常因審判長對於原告所主張之訴訟標的法律關係未闡明清晰，以致混淆所致。例如人民向政府申請承租或承購其土地鄰近之畸零公有土地所生之紛爭，在實務上認其為私法關係之爭執，應循民事訴訟解決❶。事實上，在上述情形，政府在出售或出租公有土地時，對於承買人（或承租人）均有一定資格之限制，承買人（或承租人）於提出承買（或承租）之申請時，政府須先審查其資格，如認有不符，即否准其承買（或承租）權，此時承買（或承租）人如有不服，提起訴訟，主張該土地應由其承買（或承租）時，就原告起訴之事實言，其實係由(1)對於政府就其承買（或承租）資格之審定，(2)基於資格不符之審定，而否准其承買（或承租）。上述實務上之見解，似重視(2)之買賣（或租賃）關係為私法上法律關係，而忽視(1)之資格審定不符否准其承買之不服，是否為公法上法律關係。蓋如實務上見解可採，人民與政府間，就訟爭公有土地既未成立買賣（或承租）關係，縱謂應循民事訴訟解決，民事法院對未成立之法律關係，如何本該未成立之法律關係為判決？故個人以為受訴法院（無論為行政法院或民事法院）審判長應對原告詳加闡明，究竟其所提起之訴為(1)或(2)確認買賣關係存否爭執之情形，以與受訴法院之職權對照，決定其有無審判權❶。如此真正因事件屬性不明，而生法院審判權之衝突問題者，當屬少數。從而，起訴狀應記載之「訴訟標的及其原事實」❶，其範圍及其射程，對於解決審判權之衝突，應具有相當之影響。

㈡就原告起訴所主張之訴訟標的及原因事實，非如上述有階性可資辨別的情形，例如司法院釋字第五三三號解釋，關於中央健康保險局與保險醫事服務機構（即俗稱之健保醫院）訂立之「全民健康保險特約醫事服務

　　教授發言。

❶　參照行政法院五十六年判字第一九號、五十八年判字第二七〇號、六十一年判字第一五九號，司法院釋字第四四八號。

❶　至認為無審判權後，應如何處置，請詳後述。又於此情形，就普通法院與行政法院所審判之訴訟事件，是否可謂為「同一訴訟事件」，個人存有疑問。

❶　民事訴訟法第二百四十四條第一項第三款，行政訴訟法第一百零五條第一項第三款。

機關合約」，所生保險給付之爭議，係由同一原因事實所生審判權衝突之情形，受訴法院如欲以無審判權為由裁定駁回原告之訴，是否宜先公開部分心證，俾兩造當事人就此作適當之辯論或陳述，或有助於審判權衝突之處理，此為目前實務上所欠缺，不能謂無缺憾。

〔肆〕審判權積極衝突之解決

所謂審判權積極之衝突，係指普通法院及行政法院俱認其對同一訴訟事件有審判權而加以實體裁判之情形。此類衝突又可分為：

㈠同一訴訟事件分別或同時繫屬於普通法院與行政法院中，尚未終結。此時各法院間就審判權之爭點，法律並未定有何者應處於優越地位之規定，各法院依法獨立審判之結果，若各法院就同一訴訟事件裁判之結果一致，尚不致成為問題，若其結果兩歧，即成問題。此時，依目前實務上見解，自可於判決確定後，經由當事人、或有關機關聲請司法院大法官解釋 ⓲。遭大法官解釋為無審判權之法院所為確定判決，自得依再審程序，將其廢棄 ⓳。如此審判權之衝突固可解決，但當事人及法院將因此支出無益之勞力、時間、費用是其缺點。解決之道，個人以為在同一訴訟事件，分別或同時繫屬於普通法院及行政法院之情形，其訴訟當事人同一，法院不難由當事人之書狀或陳述中，知悉有二訴訟繫屬之情形，審判長亦應為闡明之處置，並命當事人陳述意見，如仍不能確定事件之屬性時，似宜增設規定，就此爭點先為中間裁定，並使其得即時抗告及再抗告。若能因此解決固佳，倘不能，當事人或相關機關亦得聲請司法院大法官解釋。將來司法院組織法修正通過，司法院審判機關化後，依司法院組織法草案第二十四條規定，

⓲ 參照司法院釋字第八九號解釋。本號解釋係由最高法院與行政法院共同呈請司法院交大法官會議解釋者。惟就現行司法院大法官審理案件法第七條規定觀之，似已不合聲請統一解釋之要件。

⓳ 司法院釋字第一八八號解釋。在當事人依再審程序廢棄確定判決前，該確定判決並非無效（參照司法院釋字第一一五號解釋），當時提不同意見之大法官（二人）曾主張此「實體判決應為無效」。而非不得執行或不生拘束力（參照司法院釋字第五四〇號解釋理由第四段）。

可經由司法院聯合大法庭解決此一問題。

㈡同一訴訟事件分別或同時繫屬於普通法院與行政法院，其中一法院已就訴訟事件判決確定，另一法院尚未終結，如先確定者為行政法院之判決，依民訴法第一百八十二條之一第一項規定，民事法院「應以裁定停止訴訟程序，聲請司法院大法官解釋。但當事人合意願由普通法院為裁判者，由普通法院裁判之」。析言之：

⑴在「聲請司法院大法官解釋」之情形，如經解釋為民事事件，應由普通法院審判，民事法院自應裁定將停止訴訟程序之裁定撤銷（民訴法第一百八十六條），續行審判程序，至已確定之行政法院判決，則依再審程序救濟。

⑵在「當事人合意由普通法院為裁判」之情形，於審判權積極衝突 ❷之場合，既已有行政法院之實體判決確定在先，在實際上，受勝訴確定判決之一方，衡情難與對造合意再由普通法院審判，倘能達成由普通法院審判之合意，是否可經由當事人之自由意思而排除已確定之行政法院確定判決？否則，將來民事判決與行政法院判決內容不一致甚或衝突時，如何解決？是否可再聲請司法院大法官解釋？如此徒增司法程序之浪費，於審判權積極衝突之解決有何俾益？個人以為於審判權積極衝突之情形，目前民訴法第一百八十二條之一第一項但書規定，應不得適用，有待將來全盤之修正。

㈢同一訴訟事件，分別或同時經普通法院及行政法院實體判決確定，如㈠所述，當事人或相關機關對於確定判決可聲請司法院大法官解釋，以解決此審判權積極衝突。此在外國如德國法院組織法第十七條有所謂「先到者先磨」即「前者優先原則」 ❷ 者。司法院提出於立法院之法院組織法修正草案第八條第一項仿此規定：「法院認其有受理訴訟權限而為裁判確定者，其他法院受該裁判之羈束」。行政訴訟法修正草案第十二條之二第一項亦規定：「行政法院認其有受理訴訟權限而為裁判經確定者，其他法院受該

---

❷　關於審判權消極的衝突，請參照後述〔伍〕之討論。

❷　參照陳錫平著前揭文（上）第二一九頁。

裁判之拘束」。惟此所謂「認其有受理訴訟權限而為裁判經確定」者，係訴訟事件之本案判決，抑僅係對於審判權有無之裁判？語意不明。如：

(1)係指本案判決確定，當然該確定判決因係以認其有受理訴訟之權限前提，雖可解為另一訴訟在尚未判決確定時，可因此規定，不得為相異之認定而使不致有另一實體判決之出現。但另一訴訟原先進行之程序，則屬浪費。

(2)係指單純關於審判權有無之裁判，在現行制度或相關修正草案中，並無就關於審判權有無裁判之特別程序規定，在審判權積極衝突之情形，縱當事人有爭執，法院固得為中間裁定❷，但此訴訟進行中之裁定，依現行法不得單獨提起抗告❷，仍不能達儘速確定審判權原則之目的，自有待再修正。

〔伍〕審判權消極衝突之解決

所謂審判權消極衝突，係指普通法院與行政法院對於同一訴訟事件，俱認其無審判權而為程序上之裁判而言。此類審判權消極衝突涉及人民權利不能獲得司法有效救濟，應如何解決，倍值討論。

㈠就目前法律之規定及實務上見解言：

當事人就訴訟事件之提起（起訴），係由原告決定其受訴法院❷。惟法院對於審判權之有無，係由法院依其訴訟標的及原因事實職權認定，於認其對該事件無審判權時，即以裁定駁回原告之訴（參照❶）。如行政法院裁定先確定，依民訴法第一百八十二條之一第一項規定，若普通法院亦認其無審判權（即與行政法院認其無審判權之裁判見解有異，亦即審判權消極衝突）時，「應裁定停止審判，聲請大法官解釋。但當事人合意願由普通法院為裁判者，由普通法院裁判之」。該但書規定，依其修正說明謂：「惟停

---

❷　參照民訴法第三百八十三條第二項，行訴法第一百九十三條。

❷　參照民訴法第四百八十三條，行訴法第二百六十五條。

❷　參照民訴法第二百四十四條第一項、第一百十六條第一項第七款，行訴法第一百零五條第一項、第五十七條第八款。

止訴訟程序，聲請解釋，不免曠日費時，有損當事人之權益，爰增訂但書，明定如當事人兩造合意願由普通法院為裁判者，則認為普通法院就該事件有審判之權限」。從賦予兩造當事人有合意選擇程序之機會或權利，以避免公私法難以區分及處理，當事人利益保護優先，減輕大法官負擔及增加他人使用法院之機會言❷❻，固有其價值，但在現行制度，民事訴訟與行政訴訟制度之審理原則並非相同，加以行政訴訟尚有確保國家行政權合法行使之目的❷❼，則同一訴訟事件，依民事訴訟程序或行政訴訟程序審理之結果，其實體裁判結果，二者未必一致，倘事件之性質應屬行政事件，因行政法院之錯誤裁定駁回確定，復又依當事人之合意，未經司法院大法官之解釋，即遽依民事訴訟程序判決，是否妥適即有再加檢討之空間。學者有主張在審理起訴合法之階段，應允許原告就審判權之裁判得提起預備或選擇合併之主張（聲明）❷❽者。此在現階段制度下，恐亦有值得推敲之處。蓋現階段訴訟之審理，就法院對於訴訟事件有無審判權之爭執，並非本案爭執，而屬訴訟進行中所生程序上之爭執，就此爭執達於可為裁判之程度時，如受訴法院認其對之有審判權，雖可為中間裁定，已如上述，但此非消極衝突問題；若法院認其對之無審判權，依法法院即應駁回其訴，並無法院於此情形，可依聲請法院停止審判，法院得裁定停止訴訟之規定，何況法院若因而停止訴訟程序，也未可期待當事人向他法院起訴後，他法院必受拘束（蓋此時法院只有停止訴訟程序之裁判，而無關於對於訴訟事件無裁判權之裁判）而應認其對之有審判權。故消極衝突仍不能徹底解決。為解決此審判權消極衝突問題，司法院釋字第五四○號解釋，於聲請人所聲請解釋範圍外，增列第三段解釋，謂「事件經本院解釋係民事事件，認提起聲請之行政法院無審判權者，該法院除裁定駁回外，並依職權移送有審判權之普通法院，受移送之法院應依本院之解釋對審判權認定之意旨，回復事

---

❷❻　參照許士宦著前揭論文第一六○～一六一頁。

❷❼　參照行政訴訟法第一條。

❷❽　參照本會第二十次研討會邱聯恭教授發言〔研討㈡第三二五頁〕、許士宦著前揭論文第一五六頁。

件之繫屬，依法審判，俾保障人民憲法上之訴訟權」❷。創法律所無由行政法院以裁定移送普通法院審判之制度。個人對於此號解釋之第三段雖提有部分不同意見書，但非對於「裁定移送」制度本身之設計有異見，而係在現行法制下，能否創設出此一移送制度表示懷疑而未贊同，除於部分不同意見中已表示之意見外，須加說明者：現行法對於移送制度，僅有同性質法院間，受訴法院因認無管轄權，將其移送於有管轄權之同性質之法院，受移送法院於移送達定確定時，應受其羈束之規定而已❸，並無不同性質法院間，關於認無審判權可相互裁定移送，而移送之裁定確定，不同性質之受移送法院應受該裁定拘束之規定。於審判權衝突之解決，如上所述，則係經由大法官解釋，確定事件之性質後❸，由當事人對該事件屬性法院之駁回裁定聲請再審❸，再開或續行前訴訟程序。尚非無救濟途徑，致妨害憲法所保障當事人之訴訟權，又救濟程序如何訂定，最合乎當事人之利益，係立法裁量之立法問題❸，而不屬法官造法之範疇。矧釋字第五四〇號解釋第三段，為不觸及行政訴訟法第一百零七條第一項第一款「事件不屬行政法院之權限者，行政法院應以裁定駁回之」之規定，使該事件在行政法院之訴訟繫屬消滅之合理性問題，而謂「該法院除裁定駁回外，並依職權移送有審判權限之法院」，並於解釋理由中說明「事件經本院解釋係民事事件，普通法院先以無審判權為由駁回之裁定，係屬對受理事件之權限認定有誤，其裁判顯有瑕疵，應不生拘束力……受移送之法院應遵照本院解釋對審判權認定之意旨，回復事件之繫屬，依法審判」云云。果爾，訴訟事件經司法院大法官解釋為民事事件時，原駁回其訴之民事裁定是否因有瑕疵，即歸無效？司法院釋字第一一五號僅對積極衝突解釋，而謂被認

---

❷　詳司法院九十一年十二月印行《司法院大法官解釋續編》（十五）第一七三頁以下。

❸　參照民訴法第二十八條第一項、第三十條第一項，行訴法第十八條。

❸　參照司法院釋字第三〇五號解釋第一段。

❸　參照司法院釋字第一八五號解釋。

❸　參照司法院釋字第三〇二號解釋理由。釋字第四六六號解釋第一段。

定無審判權之普通法院所為判決「不得執行」，並非無效❸，況該判決之形式仍存在，依司法院釋字第一三五號解釋，尚須依再審等程序辦理（除去）。司法院大法官向來之解釋，似不認確定裁判有無效之情形。則受移送之法院，在其原認無審判權而駁回之確定依再審程序除去以前，如何依解釋意旨回復訴訟繫屬？倘依釋字第五四〇號解釋第三段意旨，即可回復事件之訴訟繫屬，則不待行政法院之移送裁定❸，當事人（尤其是聲請解釋當事人）直接向民事法院聲請續行訴訟程序即可❸，何須為移送之裁定？況所謂裁定移送者，通常係指裁定移送之法院，將其繫屬中之訴訟事件移送於他法院，受移送之法院係承受受移送之事件並對之加以審判，並非「回復（原以無審判權為由，遭裁定駁回）事件之繫屬」，就該事件為審判，而置移送之事件於不顧。是該段解釋之理由構造，仍有商榷之餘地。

㈡就司法院對此問題所提修正草案言：

　　除於九十二年二月完成民事訴訟法第一百八十二條之一之增訂，規定「普通法院就其受理訴訟之權限與行政法院確定裁判之見解有異時，應以裁定停止訴訟程序，聲請司法院大法官解釋。但當事人合意願由普通法院為裁判者，由普通法院裁判之（第一項）。前項合意，應以文書證之（第二項）」之外，復於提出於立法院之行政訴訟法修正草案增訂第十二條之二，規定「行政法院認其有受理訴訟權限而為裁判經確定者，其他法院受該裁判之羈束（第一項）。行政法院認其無受理訴訟權限者，應以裁定將訴訟移送至有受理訴訟權限之管轄法院。數法院有管轄權而原告有指定者，移送至指定之法院（第二項）。移送之法院確定時，受移送之法院認其亦無受理訴訟權限者，應以裁定停止訴訟程序，並聲請司法院憲法法庭審理之（第三項）。受移送之法院經司法院憲法法庭裁判無受理訴訟權限者，應再行移至有受理訴訟權限之法院（第四項）。當事人就行政法院有無受理訴訟權限有爭執者，行政法院應先為裁定（第五項）。行政法院為第二項及前項之裁

---

❸　參照❷。

❸　此時行政法院之裁定並無意義。

❸　許士宦教授在前揭文中，亦有此評論（參照該文第一五九頁）。

定前，應先徵詢當事人之意見（第六項）」。法院組織法修正草案增設第八條，其內容與前引行政訴訟法修正草案第十二條之一規定，除將其中「行政法院」改為「法院」，及第三項增訂但書規定：「但法律另有當事人得合意由受移送法院為審判之規定，從其規定」外，餘均相同。法院組織法修正草案第七條第二項規定：「訴訟繫屬後，當事人不得就同一事件向不同審判權之法院更行起訴。」綜觀司法院對於審判權衝突之解決，似有下述幾點值得注意：

1.法院組織法修正草案，如能經立法院修正通過，依修正草案第七條第二項規定，同一事件經原告起訴後，當事人（不論原告或被告）不得向不同審判權之法院更行起訴，換言之，事件雖繫屬於不同審判權之法院，仍有一事不再理原則之適用，如更行起訴，法院自應以裁定駁回其訴❸❼。如此，自不發生法院對審判權有無見解不同之衝突。

2.法院組織法修正草案如立法完成，民事訴訟法第一百八十二條之一及行政訴訟法修正草案第十二條之一，當可刪除。刪除後法院組織法第八條第三項但書規定，將無適用餘地。或謂民事訴訟法第一百八十二條之一但書所定當事人得依合意，由普通法院審判，係尊重當事人之程序選擇權之行使。但如前所述，行政訴訟，除在解決當事人間之紛爭外，尚有確保國家行政權合法行使之目的，換言之，尚有經由行政法院之裁判，糾正違法行政權行使之作用，有公益上之目的，故其行政法院判決拘束力主觀範圍與民事訴訟不同❸❽，從而在未經確定事件為民事事件前，可否經由訴訟當事人之合意……即可由普通法院審判，而處分行政事件之公益性？況在積極衝突之情形，可否因普通法院對行政法院無審判權事件竟為實體裁判，而有異見，當事人又合意由其審判，即遽為實體判決，使訴訟事件之審判權，因之發生積極衝突，將來又如何解決因此種衝突所造成之法院間就實體裁判上所造成裁判結果之歧異，均有可再檢討之處。

---

❸❼ 參照民訴法第二百四十九條第一項第七款，行訴法第一百零七條第七款。

❸❽ 此比較民訴法第四百零一條與行政訴訟法第二百十五條、第二百十六條規定即明。

3.對於訴訟事件，法院（無論普通法院或行政法院）認其有受理訴訟之權限，而為裁判經確定者，其他法院受該裁判之羈束。此項修正，固有儘速確定審判權目的 ❸ 之形式上意義。但查修正草案雖有關於審判權有無爭執應先為裁定之規定 ❹ ，但此項訴訟進行中裁定，並未規定得為抗告，則審判權有無之爭議，仍須待實體裁判後，於終局判決提起上訴時，並受上級法院之審判 ❹ 。實體判決確定後，始發生對其他法院之羈束力。是在未設特別抗告程序下，仍不能達成儘速確定審判權之目的。

4.對於法院認其無受理訴訟權限者，應依職權以裁定將訴訟移送於有受理訴訟權限之管轄法院，採職權移送而不駁回其訴之制度。此與司法院釋字第五四〇號解釋所創之制度不同。惟民事訴訟法第二百四十九條第一項第一款及行政訴訟法第一百零七條第一項第一款修正前 ❷ ，依其規定法院應駁回其訴，可能發生法律適用衝突問題，自宜配合修正。

5.當事人就法院有無受理訴訟權限有爭執者，法院應先為裁定。此項增訂亦有疑問。蓋當事人對於法院有無受理訴訟權限雖有爭議，若法院認其有審判權，縱就審判權之有無有爭執，就此訴訟上爭執，法院先為裁定，自認有審判權時，此種程序上爭點之中間裁定，同條並未設有得抗告之規定，而不得提起抗告，則仍不能快速確定審判權有無之目的。又如自認無審判權時，依同條第二項規定，法院即應依職權以裁定移送有審判權之法院，有無再就審判權之有無另為裁定之必要？

6.值得讚佩的是法院組織法第八條第二項後段及第六項關於尊重當事人之程序主體權之規定。即依第二項後段規定數法院有管轄權而原告有指定者，法院應裁定移送於指定之法院。又依第六項法院為移送裁定或就法

---

❸　參照該條立法說明二。

❹　參照法院組織法修正草案第八條第五項。

❹　參照民訴法第四百三十八條，行訴法第二百三十九條。

❷　行訴法第一百零七條第一項第一款修正草案為「訴訟事件不屬行政法院審判之權限者。但本法別有規定者，從其規定」。即合於同草案第十二條之二要者，則應為移送而不得駁回（參照該條修正說明一）。

院有無受理訴訟權限之爭執為裁定前，應先徵詢❹當事人之意思，以免當事人受到程序上的突襲性裁判。

〔陸〕拙見及建議——代結語

綜上討論，在二元訴訟制度下，既不能避免普通法院與行政法院間關於審判權之衝突，如何避免或消弭其衝突？如何使當事人及法院不因此浪費時間、勞力、費用及浪費司法資源？在此司法改革、修訂法律之際，更有檢討之價值。因此不揣簡陋，提出若干觀點：

㈠同一訴訟事件，只應允許有一個訴訟繫屬，法院組織法草案第七條第二項之規定，值得贊成。

㈡為配合上述一事件祇能有一訴訟繫屬，受訴法院如認其無受理訴訟權限者，應將事件裁定移送於有受理訴訟權限之法院，並規定於移送裁定確定時，受訴法院受其拘束。此項規定，應規定於法院組織法，使普通法院與行政法院同受其規範。受訴法院於當事人就其有無審判權之爭執，而認自己有審判權時，應使兩造對此爭執為陳述後，即為中間裁定。對此裁定得為抗告。抗告中應停止訴訟程序。經認其有受理訴訟權限之裁定確定者，其他法院應受該裁定之羈束。此時，若司法院組織法修正草案獲立法通過，司法院審判機關化之結果，因司法院已成為終審法院❹，雖司法院分設民事訴訟庭及行政訴訟及懲戒庭，分掌民事訴訟及行政訴訟之終審審判，但如其間法律意見發生歧異時，可依修正司法院組織法第二十四條規定提聯合大法庭以合議審判行之，而達統一見解之結果，不必再有聲請司法院大法官解釋問題。此項依立法解決審判權法院之救濟制度，自不生違憲問題。

從而個人建議：

---

❹　法院就審判權有無之裁定，並不受當事人意見之拘束，似非在「徵詢當事人之意思」，而係在聽取當事人陳述之意見，宜規定為：「應使當事人有陳述意見機會」即可。

❹　參照司法院組織法草案第十三條第一款、第二款，第十五條第二款、第三款。

（一）法院組織法部分

1.原司法院提出之修正草案第七條第二項規定，應予維持其規定。即：

「訴訟繫屬後，當事人不得就同一事件向不同審判權之法院更行起訴。」

〔說明〕為使法院就審判權之有無，因原告分向不同審判權之法院起訴，致生審判權之衝突，並能盡速依下述 2.所建議之規定方式，確定有審判權之法院，特別明定訴訟繫屬有「法律救濟途徑障礙」之法律效果❹。

2.原司法院提出之修正草案第八條應再修正為：

「法院對於繫屬之事件，認其有受理訴訟之權限者，審判長應於本案言詞辯論前曉諭當事人。當事人對其所認得為異議（第一項）。

對於前項異議，法院應即為裁定（第二項）。

法院對於繫屬之事件，認其無受理訴訟之權限者，應即依職權以裁定將訴訟移送於有受理之權之管轄法院。數法院有管轄權而原告有指定者，移送於指定之法院（第三項）。

法院為前項裁定前，應使當事人有陳述之機會（第四項）。

對於第二項、第三項裁定得為抗告。抗告中法院應裁定停止訴訟程序（第五項）。

第二項、第三項裁定確定時，其他法院受該裁定之羈束（第六項）。

當事人意圖延滯訴訟，故意為第一項之異議而被裁定駁回確定者，法院得對其處新臺幣六萬元以下罰鍰（第七項）。

前項裁定得為抗告。抗告中應停止執行（第八項）」。

〔說明〕法院對於繫屬之訴訟事件有無審判權，係其進行本案辯論前，應依職權調查之事項（訴訟要件之一），須認其有審判權，始進入本案（實體）之審理。故審判長對於審判權之有無應行闡明，並確定其審判對象之屬性（公法或私法關係），如認其有審判權時，在進行本案言詞辯論前曉諭（適當公開心證），俾使有不同意見之當事人有提出異議之機會，並由法院就此異議即時為中間裁定，如認異議為正當者，即為第二項裁定，如認為異議為不正當者，即為駁回其異議之裁定❹。

---

❹　參照司法院向立法院所提「法院組織法草案」第七條修正說明三。

法院對於繫屬之訴訟事件，為訴訟要件之審查認其無審判權時，依1.之修正規定及說明，為避免當事人因起訴法院之錯誤而遭受不利益，已改採移送主義，惟為使當事人知悉有被移送之可能，俾其不致遭受突襲性之裁判，法院應使其於裁定前有陳述意見之機會，如有受理訴訟權限之管轄法院有數法院，原告並得陳明其指定之法院。

對於第二項異議之裁定及第三項移送之裁定，使不服之當事人有依抗告程序救濟之機會，抗告中並裁定停止訴訟程序，俾審判權之爭執依抗告程序早日確定，抗告中停止訴訟程序，庶不致浪費訴訟程序。

訴訟事件依前述第一項或第三項之裁定確定其有受理訴訟權限之法院後，該確定之裁定有羈束其他法院之效力，他審判權法院自不得為相異之認定。故受移送之法院即不得再以自己亦無受理審判權限，聲請大法官解釋。

上述規定已使訴訟事件不因審判權之衝突而無受理訴訟之法院，或因數法院均因認有審判權，而為衝突之判決。依司法院大法官向來對於憲法第十六條所作解釋，「立法優先原則」❹，應不生違憲問題。

又為防止當事人對於有審判權，濫用第一項規定，任意提出異議以達其延滯訴訟之目的，仿民事訴訟法第二百四十九條第三項、第四項規定，設處罰之相關規定。

3.原司法院提出之草案第九條及第十條規定，亦應維持其規定。即：

第九條：移送訴訟前如有急迫情事，法院應依當事人聲請或依職權為必要之處分（第一項）。移送訴訟之裁定確定時，視為該訴訟自始即繫屬於受訴之法院（第二項）。第二項之情形，法院書記官應速將裁定正本附入卷宗，送交受移送之法院（第三項）。

〔說明〕其修正理由說明，詳如司法院對該條之修正說明。第一項為關於移送前必要處分之規定，以保障當事人之權益。第二項為關於移送訴

---

❹ 此項裁定，性質上應屬訴訟進行中爭執之中間裁定（民訴法第三百八十三條第二項、行訴法第一百九十三條）。

❹ 參照許士宦前揭文第一五二頁。

訟之效力，擬制其自始繫屬於受訴法院，以免當事人因時效、除斥期間、起訴之不變期間等規定，其權益遭受不利影響。第三項則為關於訴訟卷宗送交受訴法院之規定。

第十條規定：訴訟移送於其他法院者，依受移送法院應適用之訴訟法，定其訴訟費用之徵收。移送前之訴訟費用，視為受移送法院訴訟費用之一部分（第一項）。應行徵收之訴訟費用，移送法院未徵收、徵收不足額，或徵收超額時，受移送法院應補行徵收或退還超額部分（第二項）。

〔說明〕其修正理由說明，詳如司法院對該條之修正說明。本條係規定訴訟移送之裁定確定後，受移送訴訟法院徵收訴訟費用之準據法，並規定將移送前法院徵收之訴訟費用，作為受移送法院訴訟費用之一部分。又由於民事訴訟法與行政訴訟法所定訴訟費用之項目及金額不同，為免當事人在移送前已繳納之費用，歸由當事人自行負擔之不利益，爰作本條之修正。

㈡民事訴訟法部分

1.民事訴訟法第二百四十九條第一項第一款應修正為：

「訴訟事件，不屬普通法院審判者。但依法院組織法第八條規定應以裁定移送者，從其規定。」

〔說明〕係配合法院組織法第七條第二項及第八條第六項之規定而定。

2.民事訴訟法第二百四十九條第一項第七款宜修正為：

「起訴違背第二百五十三條、第二百六十三條第二項，法院組織法第七條第二項規定，或其訴訟標的為確定判決之效力所及者。依法院組織法第八條規定，就同一訴訟事件經有受理訴訟權法院確定判決效力所及者亦同。」

〔說明〕係為配合法院組織法第七條第二項及第八條第六項而定。如認上述情形已包含於原條款中，不作修正亦可。

㈢行政訴訟法部分

1.行政訴訟法宜仿同法第六條第五項之例規定：

「訴訟事件經普通法院依法院組織法第八條第三項規定移送行政法院

審判者，如事件應先經訴願程序而未提起訴願者，高等行政法院應以裁定將該事件移送於訴願管轄機關，並以普通法院受理訴狀之時，視為提起訴願」。

〔說明〕對於行政處分提起行政訴訟，我國採訴願前置主義，而訴願之提起又有不變期間之限制，為保障人民之權利，故增設本條救濟之。

2.行政訴訟法第一百零七條第一項第一款應修正為「訴訟事件不屬於行政法院審判者。但依法院組織法第八條規定應以裁定移送者，從其規定」。同條項第七款及第九款宜合併修正為「起訴違背第十五條準用之民事訴訟法第二百五十三條、第二百六十三條第二項規定，或其訴訟標的為確定判決效力所及者。依法院組織法第八條規定，就同一訴訟事件經有受理訴訟權法院確定判決效力所及者亦同。」

〔說明〕其修正說明，與前述民事訴訟法部分修正建議1.及2.相同。

行政訴訟上「訴之撤回」之諸問題

要　目

（本文原載於《法令月刊》第五十一卷第十期）

行政訴訟上「訴之撤回」之諸問題

〔壹〕前　言

　　行政訴訟之「訴之撤回」與民事訴訟之「訴之撤回」不盡相同。行政訴訟之標的係公法上之爭議，常涉及公益；民事訴訟之標的係私法上的爭執，除少數如人事訴訟外，多與公益無關。因此，行政訴訟是否適用處分權主義，而得任意撤回起訴一如民事訴訟，即有疑義。又行政訴訟之當事人意義與民事訴訟亦未完全相同，在行政訴訟上除起訴時之原被兩造外，尚包括依行政訴訟法第四十一條及第四十二條參加訴訟之人（行政訴訟法第二十三條），此與訴之撤回關係如何？亦有待討論。修正行政訴訟法施行前，因訴之撤回準用民事訴訟法規定（舊行政訴訟法第三十三條），對此問題甚少見有討論，行政法院亦未見有相關判例，乘此新法施行之際，就此略作析述，並提出若干問題，供實務上參考，並就教於法學先進。

〔貳〕訴之撤回之意義及性質

　　訴之撤回係指原告於起訴後，在判決確定前，向行政法院表示撤回其訴之全部或一部，請求不為判決之意思表示（第一百十三條第一項）❶。訴之撤回有使已繫屬之行政訴訟，自始的歸於消滅而終結訴訟之效果（第一百十五條準用民訴法第二百六十三條第一項）。可知訴之撤回有下列性質：

一、訴之撤回係原告於起訴後，判決確定前向行政法院所為之訴訟行為

　　㈠訴係因原告之起訴訴訟行為而使發生訴訟繫屬，訴之撤回係原告向

---

❶　以下文中只引條文者，即指行政訴訟法之條文。

行政法院表示不求為判決之意思表示，自須有訴之存在為前提。訴未提起，即無訴之存在；訴已經行政法院判決確定，訴訟繫屬已消滅，自均無訴之撤回可言。且訴係由原告所提起，自亦僅原告有撤回起訴之權（第一百十三條第一項）。被告或輔助原告之參加人（第四十四條第二項）不得為訴之撤回，其由原告之訴訟代理人代為撤回者，則須有特別代理權始得為之（第五十一條但書）。

㈡訴係由原告一人提起者，由該原告一人撤回固無疑問，惟在原告為多數人之共同訴訟，可否由其中一人為訴之撤回？於有第四十一條或第四十二條參加訴訟之人時，原告或參加訴訟之人可否撤回起訴？均有深一層探討之必要。

1.在共同訴訟之情形：

行政訴訟上，共同訴訟有二種，一為通常共同訴訟（第三十七條），一為必須合一確定之共同訴訟（第三十九條）❷。

⑴於通常共同訴訟，因共同訴訟中，一人之行為或他造對於共同訴訟人中一人之行為及關於其一人所生事項，除別有規定外，其利害不及於其他共同訴訟人（第三十八條）。故通常共同訴訟原告中之一人為訴之撤回時，除其撤回有違公益外，應生撤回之效力，惟其效力僅及於該原告部分之訴，而不及於其他共同訴訟原告自不待言。

⑵於必須合一確定之共同訴訟，訴訟標的對於共同訴訟之各人，必須合一確定者，共同訴訟人中一人之行為有利於共同訴訟人者，其效力及於全體；不利益者，對於全體不生效力（第三十九條第一款）。故必須合一確定之共同訴訟原告一人為訴之撤回時，因訴之撤回一般認為係不利於共同訴訟人之行為（處分他共同訴訟人之起訴權），應不生撤回之效力，故訴訟繫屬仍對全體共同原告（包括表示訴之撤回之原告）存在。

2.於有第四十一條、第四十二條參加訴訟之人之情形：

第四十一條之必要共同訴訟參加與第四十二條之利害關係人之獨立參

---

❷　立法院審查會通過之條文標題為「必要共同訴訟人間之關係」，使用「必要共同訴訟」一詞（參照立法院議案關係文書院總第八二九號）。

加不同❸，應分別加以討論：

(1)於第四十一係必要共同訴訟參加之人：依第四十一條規定，「訴訟標的對於第三人必須合一確定者，行政法院應以裁定命該第三人參加訴訟」。此之必要共同訴訟係指固有的必要共同訴訟而言❹，且該第三人一經行政法院以裁定命其參加訴訟，不論其實際上是否參與訴訟，均取得必要共同訴訟參加人之地位，並準用第三十九條之規定（第四十六條）。此時，必要共同訴訟參加人是否為共同訴訟人？學者有從參加訴訟與共同訴訟之本質加以比較，謂共同訴訟屬於自始的主觀與客觀的訴訟合併，而參加則屬嗣後的客觀的訴訟合併，且非屬主觀的合併。又兩者主體固均為複數，但在法律上之評價，共同訴訟具同一與單一性（形式複數，實質上單數），參加則具獨立性（形式上與實質上均屬複數）。唯在客體（即訴訟事件）方面，共同訴訟與訴訟參加亦有其類似性，換言之，兩者之客體在形式上與實質上似屬單一，實則均屬複數，而且兩者恆具有「客觀訴訟之合併」的特質者❺。按訴訟類型之分類，從事件的單一性 (Einheit) 與多數性 (Mehrheit) 可分為基本型訴訟與複雜型訴訟。複雜型訴訟，又因係訴訟主體的多數性與訴訟客體的多數性，而生訴的主觀合併的訴訟與訴的客觀合併的訴訟，主觀合併的訴訟又稱共同訴訟❻。必要共同訴訟參加人，依第二十三條規定係行政訴訟之當事人，係構成訴訟主體的多數，就此而言，似為訴的主觀合併，而為共同訴訟人❼。且因於必要共同訴訟參加之情形，須訴訟標的對於第三人及當事人之一造必須合一確定，故與當事人之一方構成共同訴訟之關係。在訴之撤回，係由原告為之，但訴訟標的對於參加人與原告必須合一確定，準用第三十九條規定之結果，而撤回訴訟係不利於必要共同

---

❸ 參照拙著《行政訴訟法釋論》第一〇六頁以下。

❹ 參照拙著前揭書第一〇七頁。

❺ 參照蔡志方著論〈撤回行政訴訟對參加之影響〉《全國律師》八十九年六月號）。

❻ 參照拙著第七十六頁，第二一七頁。

❼ 必要共同訴訟之參加，係以有合法訴訟之繫屬為前提，在訴訟未繫屬前，固不生訴訟參加問題。但在主觀合併的訴訟，亦可能於訴訟繫屬後發生，故亦未必均為自始的主觀合併（參照拙著第七十六～七十七頁）。

訴訟人之行為，若未與其他共同訴訟人（包括必要共同訴訟參加人）共同撤回起訴，應不生訴之撤回的效力。再行政訴訟依訴訟保護之對象，可分為主觀的訴訟與客觀的訴訟❽，前者以直接保護人民之權利或法律上利益為目的；後者，專以行政上客觀的法秩序之維護為目的❾。就此而言，必要共同訴訟參加，因必要共同訴訟參加人亦為共同訴訟人，就原提起之訴訟言，為訴之追加（追加共同訴訟人）——主觀合併訴訟之追加提起。惟其訴訟標的對於共同訴訟人（原告及參加人）必須合一確定，但第九條之維護公益訴訟，係就無關自己權利或法律上利益事項，對於行政機關之違法行為提起行政訴訟（客觀訴訟），似難認有因參加而得合併客觀訴訟之可能。又必要共同訴訟參加人雖為當事人，但第一百十三條第一項既明定撤回權人為原告，而不泛稱當事人，自不擁有撤回權。

(2)於第四十二條利害關係人之獨立參加：依第四十二條規定，「行政法院認為撤銷訴訟之結果，第三人之權利或法律上利益將受損害者，得依職權命其獨立參加訴訟，並得依該第三人之聲請，裁定許其參加」（第一項）。「前項參加，準用第三十九條第三款之規定。參加人並得提出獨立之攻擊或防禦方法」（第二項）。「前二項規定，於其他訴訟準用之」（第三項）。則利害關係人之獨立參加與第四十一條之情形不同，可能有三種不同態樣：①訴訟標的對於當事人一造與參加人必須合一確定，此參加人與當事人一造有類似必要共同訴訟人之關係，與第四十一條之固有必要共同訴訟人關係之情形不同。②訴訟標的對於當事人之一造與參加人並非必須合一確定，參加人係就他人間之訴訟標的全部或一部，為自己有所請求。③其他因訴訟之結果，其權利或法律上之利益將受損害之情形。關於訴之撤回於①之情形與上述(1)之情形同，請參照不再討論。於②之情形，參加人依第二十

---

❽ 須注意者，此與前述主觀合併訴訟與客觀合併訴訟（即當事人或訴訟客體的單一或多數性）無關，觀念上不可混淆。

❾ 參照拙著第一五六頁，翁岳生編《行政法二〇〇〇》（下）（第一一四三～一一四四頁），遠藤博也・阿部隆泰編《講義行政法（行政救濟法）II》（青林新社，1982）第一四七～一四八頁。

三條規定亦為當事人，自屬共同訴訟人，但其情形與一般訴訟為原被兩造對立之型態不同，而屬原告、被告、獨立參加人三面對立之型態，又其參加，有由行政法院依職權命其參加者，亦有由第三人聲請經裁定允許其參加者。於前者，行政法院依職權命其參加訴訟於後者，行政法院為允許參加之裁定後，參加人即為當事人，惟因其與原告所提訴訟之訴訟標的並無必須合一確定之關係，似應認原告得任意為訴之撤回；所生問題者，僅撤回之效力，是否及於參加人之部分。關此，吾人認為原告之撤回固不影響參加人已為當事人之地位，但訴訟於參加人（當事人）是否具備訴訟要件？有無訴訟利益？則行政法院則應重新審查，如不具備，自應予以駁回。於③之情形，與②之情形相同，請參照。

　　㈢訴之撤回，應由原告向受訴行政法院以書狀為之。但在期日，得以言詞為之（第一百十三條第二項）。當事人在訴訟外成立之撤回起訴合約，其效力如何？學說尚有不同意見，有認為該合約無論在訴訟法上或私法上均屬無效者；有認為該合意雖非訴訟法上之合意，不生訴訟上效果，但仍不失為私法上合意，故如原告不依約履行時，得對之請求損害賠償或請求法院判命其為此意思表示者；亦有謂被告基於誠信原則而得為一種惡意抗辯之主張，或為權利保護要件已消滅之訴訟上抗辯之主張者[10]。吾人以為，在行政訴訟事件，多數係以人民為原告，若原告與被告行政機關達成撤回起訴之合意，通常當與訴訟標的有牽連，則原訴訟標的已因和解而不存在，原告若不履行撤回，被告機關固不得執和解契約，主張事件已生撤回效果，但原告之訴已顯無理由，行政法院自得不經言詞辯論，逕以判決駁回其訴（第一百零七條第三項）。若兩造間僅有單純之撤回起訴合意，而原告不為撤回經被告機關主張時，似可認原告欠缺權利保護之必要而予駁回其訴。至原告係行政機關之情形，發生為撤回之合意後不向行政法院撤回之機率較少，果有發生，亦可參照上述討論解決之。

----

[10]　參照岩松三郎・兼子一編《法律實務講座民事訴訟(1)》（有斐閣・昭和五九年）第二二七頁。

二、訴之撤回為原告之單方行為

訴之撤回為原告之單方行為，故訴之撤回於原告向行政法院表示撤回
其訴之意思表示時即成立。除行政法院認訴之撤回違反公益，或有其他不
合法之情形，應於四個月內續行訴訟，並依第一百九十三條裁定（中間裁
定），或於終局判決中說明之（第一百十四條）外，行政法院對之無以准駁。
第一百十三條第一項雖規定，被告已為本案之言詞辯論者，訴之撤回應得
其同意，但此同意行為，僅為原告訴之撤回效力發生之要件，並非訴之撤
回之成立要件，故同意係意思通知而非意思表示。因之，學者有謂訴之撤
回係訴訟法律行為 (Prozessrechtsgeschäft)，而被告之同意係訴訟法律的行
為 (Prozessrechtshandlungen)，僅為使原告撤回行為發生效力之條件❶。是
訴之撤回並非當事人之雙方（契約）訴訟行為。

三、訴之撤回為原告對其提起之訴，為訴全部或一部撤回之意思 表示

依第一百十三條第一項規定，原告於判決確定前得撤回訴之全部或一
部。合併提起之訴，除撤回之一訴係依法不得撤回者外，得自由撤回。唯
單一之訴之一部撤回，則須視原告提起之訴，其訴訟標的或其聲明是否可
分。如果不可分，即不生一部撤回問題。原告若為一部撤回，行政法院自
應探求其真意，倘無撤回全部之訴之意思，應解為不生撤回之效力。例如
在撤銷訴訟，原告請求撤銷之違法行政處分，若其內容係不可分者自不得
為一部撤回，倘其內容可分，又無主從關係，則得為一部撤回，如有主從
關係，而對主要部分撤回，因影響從屬部分，自應探求原告之意思，否則
仍不能發生撤回之效力。又行政處分附有附款者，若僅對行政處分或僅對
其附款撤回時，其效力如何，亦應分別就行政處分與其附款間之關係，以
為決定❷。

---

❶　參照岩松三郎・兼子一編《法律實務講座民事訴訟⑴》（有斐閣・昭和五九年）
　　第二三三頁。

又訴之撤回其實體上權利之拋棄或訴訟上訴訟標的之捨棄迥異，與訴之變更或應受判決事項聲明之減縮亦不盡相同。

(一)訴之撤回與實體法上權利之拋棄

訴之撤回係訴訟行為，僅生訴訟上之效果，即終結訴訟回復到原來起訴之狀態，不生原告實體上權利消滅之效果。縱該訴訟經終局判決後判決確定前始為訴之撤回，依第一百十五條準用民事訴訟法第二百六十三條第二項規定，不得復提起同一之訴，但原告仍得於他訴訟中主張其權利 ❸。而實體上權利之拋棄，則為權利人向義務人表示拋棄其權利之意思表示之單方行為，為實體法上之行為，權利人因權利之拋棄而喪失該權利，其後即不得為該權利之主張。

(二)訴之撤回與訴訟標的之捨棄

訴之撤回係原告就其提起之行政訴訟，為訴全部或一部撤回之意思表示，原訴訟因訴之撤回而全部或一部溯及的消滅其訴訟繫屬，事件當然終結。行政法院無須為任何之表示。行政法院前此之行為（包括已宣示或送達但未確定之終局判決）因而失效。但在訴訟標的之捨棄，則為原告對其起訴主張之訴訟標的，陳述自己之訴為無理由之觀念通知(或意思通知) ❹，無須有終結訴訟之效果意思，故第二百零二條規定，行政法院即本其捨棄而為原告敗訴之判決。

(三)訴之撤回與訴之變更及聲明之減縮

訴之變更係原告於起訴後，提起新訴以代替原有之訴之情形。原告提起之新訴以代替原有之訴之情形。原告提起之新訴（即變更之新訴）如屬合法，原訴可認為撤回而終結；聲明之減縮並未變更其請求之基礎，僅減縮其請求之裁判之範圍，就其減縮聲明之部分，亦可認因聲明減縮而終

---

❷ 參照拙著第一六〇～一六二頁。

❸ 須注意者，如撤回之訴，係撤銷訴訟，因撤回起訴之結果，回復至未起訴之狀態，則訴訟標的行政處分，因訴願決定未提起行政訴訟而確定，但非因原告訴之撤回而使其實體上之權利消滅。

❹ 訴訟標的之捨棄，請參照拙著第五一二頁以下。

結⑮。故於訴之變更或減縮聲明，就原告提起之原訴而言，係廣義的訴之撤回。惟關於訴之變更或訴之追加減縮，法律有特別規定，故不適用一般訴之撤回要件之規定。

㈣訴之撤回違反公益者，不得為之

行政訴訟常涉及公益，原告就訴訟標的有處分權者，固得撤回其所提起之行政訴訟，惟如涉及公益，為保護公益，第一百十四條第一項規定，不得為之⑯。例如主管機關對於違反空氣污染防制法或該法授權訂定之相關法令之公私場所疏於執行，受害人甲依空氣污染防制法第七十四條第一項規定，提起行政訴訟後，甲之撤回訴訟，違反公益，依第一百十四條第二項規定應於四個月內續行訴訟，不生撤回效力。惟此時如甲因己訴之撤回而不努力實行訴訟，則續行訴訟有無意義，不能令人無疑。此時，若能規定由代表公益之人（例如德國行政法院法第三十五條以下），或公告與訴訟有利害關係人於一定時間內承受訴訟，俾關公益之訴訟不必由利害關係人另行提起，浪費司法資源，恐較禁止原告訴之撤回為佳⑰。

〔參〕訴之撤回之程序

一、訴之撤回之程式

訴之撤回應向訴訟繫屬之行政法院為之；在判決後提起上訴前之上訴期間內為訴之撤回者，應向原為判決之行政法院為之；提起上訴後為訴之

---

⑮　原告可否減縮聲明，須視其減縮是否影響全部訴訟之獨立存在，須其減縮不影響訴訟之獨立存在，否則不得為之。此與訴之一部撤回同。

⑯　關於原告於訴之撤回時，是否須對訴訟標的有處分權，行政訴訟制度研究修正委員會討論時，意見分歧，最後通過之修正草案（與第一百十四條第一項同）僅規定為「訴之撤回違反公益者，不得為之」。而就是否須有處分權則因有爭議，而未列入條文之中（請參照司法院編《行政訴訟制度研究修正資料彙編》第四冊第三四四頁以下）。

⑰　拙著第五八四頁(2)之說明與本說明不符之部分，及未將「撤回違反公益者，不得為之」單獨列為要件，均不無瑕疵，藉此向讀者致歉，並於再版時修正。

撤回者，應向最高行政法院為之。訴之撤回係訴訟行為，原告自須有訴訟能力，如無訴訟能力，須由法定代理人為之。訴訟代理人非經授與特別代理權，不得為訴之撤回（第五十一條第一項但書），特別代理人不得為訴之撤回（第二十八條準用民訴法第五十一條第四項）。選定當事人非得共同利益人之同意，不得為訴之撤回（第三十三條）。無訴訟能力或欠缺代理權或為訴訟所必要之允許之人所提起之訴訟，未經補正以前，學者有解為得自行為訴之撤回者 ❶❽。惟在代理權之欠缺係屬可以補正之事項，審判長應先定期命其補正（第一百零七條第一項第四款、第五款）。則於訴訟代理權欠缺之情形，經審判長定期命為補正，竟具狀撤回起訴之情形 ❶❾，其是否有代理權而為撤回起訴不無疑問。仍以未補正，起訴為不合法，裁定駁回原告之訴為宜。

　　訴之撤回，原則上應以書狀為之。但在期日 ❷⓪，得以言詞為之（第一百十三條第二項但書）。其以書狀撤回者，除適用第五十七條以下關於一般書狀之規定外，並應記載撤回其訴之意旨及其撤回之範圍（訴之全部或一部），且其撤回原則上不得附條件，以免訴訟程序之不安定 ❷❶。撤回之書狀應按他造（包括第四十一條及第四十二條之參加人）人數提出繕本，備供行政法院送達被告之用。其於期日以言詞為撤回者，行政法院書記官應將關於訴之撤回之陳述，明確記載於筆錄，原告為訴之撤回時，如被告亦在場時，其以書狀撤回者，可將書狀當場送達被告，並訊問被告是否同意原告訴之撤回。被告如陳明同意，即生撤回之效果。此時行政法院書記官應將被告同意之陳述明確記載於筆錄；如被告為不同意之陳述時，訴之撤回

---

❶❽　參照小室直人・賀集唱編《民事訴訟法(2)》第四版（日本評論社 1992）第四十六頁。兼子一、松浦馨、新堂幸司、竹下守夫著《改訂解條民事訴訟法》（弘文堂，昭和六一年）第八七六頁。

❶❾　此係指由訴訟代理人撤回之情形，如原告有訴訟能力，自得自行撤回起訴。

❷⓪　修正前民訴法第二百六十二條第二項規定，以言詞為訴之撤回，以於言詞辯論期日為限。但修正民訴法已修正為與行政訴訟法之規定同。

❷❶　以新訴之合法提起為條件之撤回原訴，或以本位之訴為有理由作為解除條件之撤回備位之訴，一般均認於訴訟程序之安定無礙，例外的承認其撤回之效力。

即失其效力，訴訟程序繼續進行❷。被告於此情形可否暫不為同意與否之陳述？參照第一百十三條第四項規定之意旨觀之，宜採肯定說。惟如被告不於十日內確答是否同意時，即視為同意撤回。原告為訴之撤回時被告不在場者，行政法院應將訴之撤回書狀或筆錄送達予被告收受，被告於收受送達十日內未提出異議者，視為同意❸（第一百十四條第三項、第四項）。又訴之撤回係單方訴訟行為，故原告之撤回不因書狀或筆錄送達之遲延而受影響，原告自不得以撤回書狀或筆錄尚未送達被告為由，撤回其所為「訴之撤回」之意思表示。

二、被告對於訴之撤回之同意

訴之撤回，如在被告已為本案之言詞辯論者，應得被告之同意始生效力（第一百十三條第一項但書）。蓋被告因應訴而為本案之言詞辯論者，當有期待就該訴訟獲得勝訴之意思，且亦有該機會與利益，自應尊重被告此種消極的確認利益❷。所謂本案言詞辯論係指對於訴訟標的之辯論。於準備程序中已就本案訴訟標的為辯論者，亦宜認為已為本案之言詞辯論。又基於集中審理之必要，行政法院為書狀先行程序，命被告提出記載完整之答辯狀（第一百三十二條準用民訴法第二百六十七條、第二百六十八條），被告已依規定提出完整之答辯狀，就訴訟標的已為答辯時，雖未為言詞之辯論，基於保護被告上述利益，亦宜解為應得被告同意。至反訴之撤回，如於本訴撤回前為之者，亦屬訴之撤回之一種，自應得反訴被告之同意。但如於本訴撤回後為之者，則不須得反訴被告（即本訴原告）之同意（第一百十五條準用民訴法第二百六十四條）。蓋反訴之提起，係源於原告所提

---

❷ 被告於續行訴訟後，縱改陳同意撤回，因原告所為撤回已失效，除非原告再為訴之撤回，不生撤回之效果。

❸ 在實體法上，受通知或催告之相對人並無為對應行為之義務，例如民法第八十條第二項受催告之法定代理人不為確答者，視為拒絕承認，而非視為承認。惟訴訟當事人有促進訴訟進行之義務，故於訴訟法作相反效果之規定。

❷ 同❶第二四二頁。

起之本訴，本訴既已撤回，就反訴無賦予反訴被告消極的確認利益之必要。

原告訴之撤回時，被告已為本案之言詞辯論者，應得其同意（第一百十三條第一項但書）。故在本案言詞辯論前，原告已為訴之撤回者，既無庸得其同意，撤回之書狀或筆錄即可無庸送達於被告。惟如原告之起訴狀繕本已送達於被告者（第一百零八條第一項），行政法院書記官應將訴之撤回之旨通知被告㉕，以免被告為無益之訴訟準備。至被告同意之程式，法律並未明文規定，被告得以書狀或言詞向行政法院為之。其以言詞為之者，應由行政法院書記官記明於筆錄（第六十條第二項）。須討論者，於多數被告而訴訟標的對共同被告必須合一確定，或有第四十一條或第四十二條之參加人，而訴訟標的對於被告與參加人必須合一確定者，同意應否由必要共同被告，或被告與參加人全體為之，其中一人之同意或異議，其效力如何？依第三十九條第一款規定，共同訴訟人中一人之行為有利於共同訴訟人者，其效力及於全體；不利益者，對於全體不生效力。則同意訴之撤回或對訴之撤回提出異議之行為，究竟係對共同訴訟人有利之行為或不利之行為？似難一概而論，宜解為應依各別具體事件判斷。至通常共同訴訟或有第四十二條之利害關係人之獨立參加之情形（除參加人與被告有訴訟標的必須合一確定之類似必要共同訴訟之情形外），則各被告或參加人之同意或異議，均不影響他共同被告或參加人。

三、訴之撤回之處置

行政法院對於訴之撤回之有無及其效力，均須依職權為調查。訴之撤回如屬合法有效，訴訟程序因之終結。如屬無效或不生效力，則應續行原來之訴訟程序。行政法院對於訴之撤回不為准駁之裁定。當事人對於訴之撤回之效力發生爭議時，倘係原告主張其訴之撤回為無效，應聲請行政法院續行其訴訟，如行政法院認其訴之撤回已生撤回之效力，應以裁定駁回其續行訴訟之聲請。原告如不服此裁定時，得為抗告；若行政法院認訴之

㉕　此項通知與第一百十三條第三項、第四項之送達不同。被告亦不得為不同意之表示。

撤回無效（例如違反公益）或不生效力（例如被告異議），則應即指定期日，此時倘被告為訴已撤回之抗辯時，行政法院對此爭議可為中間裁定（第一百九十三條），或於判決理由中，敘明訴之撤回為無效或不生效力之理由。倘被告於高等行政法院未為此項抗辯，經判決後，於上訴最高行政法院時，始為此項抗辯，關於訴之撤回有無之判訴，應由何行政法院為之，學說上或有爭議，惟訴訟既已繫屬於最高行政法院，宜解為應由最高行政法院判斷之。如判斷之結果，認訴已在高等行政法院生效，則事件雖因訴之撤回而訴訟終結，但高等行政法院誤仍為實體判決，而有訴外判決存在，當事人又對之提起上訴，最高行政法院自應以判決廢棄該訴外判決。若最高行政法院認原告訴之撤回為無效，則對於撤回效力之爭執，可為中間裁定（第一百九十三條）或於終局判決中說明其理由。倘最高法院判決已確定，則應依再審程序救濟。

訴之撤回為訴訟行為，雖以意思表示為要素，但基於程序安定之要求，民法上意思表示撤銷之規定，原則上於訴訟法上應不能適用或準用。惟原告訴之撤回或被告之同意，係出於刑法上應處罰之詐欺或脅迫行為者，該撤回或同意應解為無效。

〔肆〕訴之撤回之效果

訴經合法有效撤回，發生下列效果：

一、訴訟繫屬自始消滅

訴經撤回者，視同未起訴（第一百十五條準用民訴法第二百六十三條第一項前段）。換言之，訴之撤回有溯及效，使訴訟自始的歸於消滅。訴之全部撤回者，全部訴訟繫屬消滅；訴之一部撤回者，該撤回部分之訴訟繫屬消滅❷。訴經撤回者，訴訟因而終結，且撤回前已為之訴訟程序上之行為（例如兩造已提出之攻擊或防禦方法，行政法院證據之調查等）亦失其效力。其經提起上訴（不論上訴人為何造當事人）後，為訴之撤回者，最

---

❷ 以得一部撤回者為限，參照〔貳〕三之說明。

高行政法院不得就上訴事件為裁判，且經提起上訴之高等行政法院判決，亦失其效力。此點與原告提起上訴後之撤回上訴不同 ❷。又被告於本訴訴訟繫屬中提起反訴者，其反訴不因本訴之撤回而受影響（第一百十五條準用民訴法第二百六十三條第一項但書）。

二、再行起訴之禁止

訴經撤回者，視同未起訴，原告仍得就同一事件再行起訴，惟仍須合於起訴之訴訟要件。故於撤銷訴訟，原告於訴之撤回後，雖得對同一事件再行起訴，但仍須受遵守二個月不變期間之規定（第一百零六條第一項）之限制。訴訟經本案終局判決後將訴撤回者，不得復提起同一之訴（第一百十五條準用民訴法第二百六十三條第二項），用以防止原告之濫用撤回制度進行濫訴或戲弄訴訟制度。又再行起訴之禁止，僅係對原告有其適用，被告就同一之訴有訴訟利益時，仍得由被告再行提起同一之訴 ❷。訴之撤回雖經本案判決，但未確定，則是否同一之訴，其時點之比較，應以撤回之訴經本案終局判決言詞辯論終結時之狀態為準。例如於退休金訴訟中，經以原告褫奪公權尚未復權判決原告敗訴，原告於上訴後撤回起訴，嗣已復權，原告復行起訴，不受再行起訴原則之限制 ❷。再訴訟雖經終局判決後，原告為訴之撤回，但該終局判決如經高等行政法院廢棄者，例如原告於高等行政法院更審中為訴之撤回者（第二百五十七條、第二百六十條），學者有謂原終局判決既經上級法院判決廢棄而不存在，應解為無再行起訴之禁止原則之適用者 ❸，惟法條僅規定「於本案經終局判決後將訴撤回者」，並未以終局判決在訴撤回時須有效存在為前提，參酌前述再行起訴禁止之

❷ 原告上訴後撤回上訴者，高等行政法院所為原告不利益之判決即告確定；而提起上訴後之訴之撤回，高等法院所為原告不利益之判決失效，惟在撤銷訴訟，原告為訴之撤回時，則原不利益之行政處分因視為未對之提起行政訴訟而確定，其結果雖與駁回原告之訴之判決確定相似，但其性質不同。

❷ 關於同一之訴，請參照拙著第三五五頁以下。

❷ 至其實體請求是否有理，係另一問題，不可混為一談。

❸ 參照拙著第五九一頁註二二四。

理由，似不宜解為本案終局判決經廢棄者，不適用之 ❸ 。

三、由原告負擔訴訟費用

　　原告撤回其訴者，訴訟費用由原告負擔（第一百零四條準用民訴法第八十三條）。被告如有支出訴訟費用，可於訴訟終結（訴之撤回生效）後二十日內聲請行政法院以裁定為訴訟費用之裁判（第一百零四條準用民訴法第九十條）。

〔伍〕結　語

　　行政訴訟法固多準用民事訴訟法之規定，但行政訴訟在制度上亦有與民事訴訟法不同者，本文就行政訴訟與民事訴訟之訴之撤回作一比較，點出新行政訴訟法施行後，可能發生之問題，並提出解決之不成熟之粗淺意見，冀能引發共同討論，俾有助於行政訴訟法之研究。

---

❸　拙著第五九一頁見解變更。

我國行政訴訟制度改革之動向與運用狀況

要　目

〔肆〕 新法施行二年後運用之狀況

一、行政法院改制為最高行政法院

二、新設臺北、臺中、高雄高等行政法院

〔伍〕 新法實踐後之檢討與將來改革之動向

一、司法改革對行政訴訟制度之影響

二、新法實踐二年後所生問題點

三、行政訴訟制度研究修正委員會最近研修之成果及其提出之行政訴訟法部分條文修正草案

（本文係 2002 年 11 月 23 日於東亞行政法學會第五回學術總會書面報告，地點：日本名古屋國際會議場）

我國行政訴訟制度改革之動向與運用狀況

主持人、各位貴賓、各位法學先進、各位女士、各位先生，謝謝大會今天給我這個機會向大會報告有關「我國行政訴訟制度改革之動向與運用狀況」，至感榮幸。由於受報告字數之限制，本報告擬分：㈠1998年10月28日修正前行政訴訟法之主要內容，㈡1998年10月28日修正行政訴訟法（下簡稱新法）之重要修正原則及其相關內容之簡介，㈢司法院為因應2000年7月1日新法施行前所為之各種準備，㈣新法施行後二年來運用之狀況，㈤新法實踐後之檢討與改革動向五部分，進行簡要討論，希望不要和諸位之期待相距太遠，並請指教。

〔壹〕1998年10月28日修正前行政訴訟法之主要內容

我國自1912年建國至1998年行政訴訟法全面修正，其間行政訴訟制度可分二階段說明:

一、平政院階段

我國法制有行政訴訟之規定者,首見於1912年3月中華民國臨時約法第10條規定:「人民對於官吏違法損害權利之行為,有陳訴於平政院之權」。平政院直接隸屬於大總統與司法系統分離，但法律地位超然❶。行政訴訟制度規模之初具,乃建立於1914年5月公布之「行政訴訟條例」,計分「行政訴訟之範圍」、「行政訴訟之當事人」、「行政訴訟之程序」三章，共三十五條，設平政院掌理行政訴訟。同年7月復公布「行政訴訟法」,共三十五條，其內容大體與「行政訴訟條例」同，重要之不同，在於將行政訴訟條例第33條及第34條規定略為修正❷，移設第四章「行政訴訟裁決之執行」，

❶　參照司法院編印（1982年12月)《司法院史實紀要》第1367頁。

❷　行政訴訟條例第33條規定:「行政訴訟裁決之執行方法另以教令定之」。第34

形式上多設一章。但仍由平政院掌理行政訴訟。在此階段行政訴訟制度與
1932 年後確立之行政訴訟制度相較，最大不同在於：(1)此階段行政訴訟係
由直屬大總統之平政院掌理,其後改由司法系統司法院所屬行政法院掌理。
(2)平政院設肅政史，對於中央或地方行政官署之違法行政處分或決定，於
人民陳訴期間經過後六十日內，在人民未提起行政訴訟之情形，得獨立向
平政院提起行政訴訟，蘊有糾正行政機關違法行政處分或決定之作用❸。
但 1932 年後之行政訴訟法已無此制度。(3)此階段平政院不得受理要求損害
賠償之訴訟；行政訴訟經平政院裁決後不得請求再審❹。對於行政訴訟之
範圍設明文限制。1932 年後之行政訴訟法廢除此二限制。(4)此階段行政訴
訟之審理，採公開主義，但庭長認為必要時，得禁止旁聽；其後改為以書
面審理為原則，行言詞辯論為例外❺。

二、行政法院階段

　　1932 年 11 月 17 日國民政府公布行政訴訟法全文二十七條，於 1933
年 6 月 22 日施行（以下簡稱舊法），於司法院下設行政法院掌理行政訴訟
之審判，使我國行政訴訟制度，邁入新的階段。舊法即為現行行政訴訟法
典原始條文。當時行政訴訟制度值得注意者：(1)行政訴訟以撤銷訴訟為限，
但得附帶請求損害賠償（舊法第 1 條、第 2 條）。關於受理訴訟之權限由行
政法院以職權裁定之（舊法第 5 條）。(2)採一審制，對於行政法院之裁判不
得上訴或抗告（舊法第 3 條），但有法定事由，得提起再審之訴（舊法第 22

條規定：「平政院之裁決有拘束第三人之效力」。而行政訴訟法第 33 條規定：
「行政訴訟裁決後，對於主管官署違法處分應取消或變更者由平政院長呈請大
總統批令主管官署行之」。第 34 條規定：「平政院之裁決有拘束與裁決事件有
關係者之效力」。

❸ 參照行政訴訟條例第 11 條、第 12 條，(1914) 行政訴訟法第 12 條。但與德國
行政法院法第 36 條公益代表人制度之性質不同。

❹ 參照行政訴訟條例第 2 條、第 3 條，(1914) 行政訴訟法第 3 條、第 4 條。

❺ 參照行政訴訟條例第 30 條，(1914) 行政訴訟法第 30 條，(1932) 行政訴訟法第
16 條。

條)。⑶採書面審理為原則，言詞辯論為例外（舊法第 16 條）。⑷被告官署不派訴訟代理人或不提出答辯書，經行政法院以書面催告仍延置不理者，得以職權調查事實逕為判決（舊法第 15 條）。⑸裁判之形式，就程序請求以裁定行之，就實體請求事項，以判決行之（舊法第 20 條、第 21 條）。⑹行政訴訟判決之執行，由行政法院呈由司法院轉國民政府令行之（舊法第 25 條）。⑺行政訴訟採有償制❻，行政訴訟費用條例另訂之（舊法第 24 條）。⑻行政訴訟法未規定者，準用民事訴訟法（舊法第 26 條）。⑼行政訴訟之提起應遵守不變期間之限制（舊法第 8 條）。⑽行政訴訟之提起，原則上無停止原處分或決定執行之效力，但行政法院得依職權或依原告之請求停止之（舊法第 9 條）。其後至 1998 年新法公布前，曾先後五次局部修正，其中 1935 年 10 月 4 日修正第 1 條規定，將訴願前置制改為雙軌制，人民對於官署之違法行政處分，得逕向行政法院提起行政訴訟；或依訴願再訴願程序提起訴願，不服其決定後，再提起行政訴訟。但已提起訴願或再訴願者，非俟訴願再訴願決定後，不得提起行政訴訟❼。1937 年 1 月 8 日復作較大幅度之修正，條文增修為二十九條，條次及內容均略有變動。其重要修正內容為：⑴從原修正採雙軌制又回復為訴願前置主義（修正第 1 條）。⑵行政法院得依職權命第三人參加訴訟（修正第 8 條），且參加人亦為行政訴訟之當事人（修正第 7 條第 1 項）。⑶行政訴訟之被告官署適格，採原處分主義❽（修正第 9 條）。⑷回復人民提起再訴願逾二個月，再訴願官署不為決定者，亦得提起行政訴訟之規定（修正第 1 條後段）❾。1942 年 7 月

---

❻ 此為平政院階段所無之規定。

❼ 因採雙軌制之結果，人民不得再以提起再訴願逾三個月未決定為由，提起行政訴訟，否則其起訴即為不合法（參照行政法院 1937 年裁字第 51 號判例，該判例因法律之變更，目前已停止適用）。（參照拙著《行政訴訟法釋論》第 51 頁以下）

❽ 行政訴訟之被告，謂左列官署：一、駁回訴願時之原處分官署；二、撤銷或變更原處分或決定時為最後撤銷或變更之官署（修正第 9 條）。其相對的立法係以訴願官署為被告官署之裁決主義。

❾ 請比較❼之說明。

27 日之修正在於：⑴將訴願官署對於提起之再訴願，逾二個月不為決定，得提起行政訴訟之規定，修正為須逾三個月始得提起（修正第 1 條）。⑵承認非法人團體亦有當事人能力（修正第 12 條第 1 項第 1 款）。⑶增設行政法院對於處所不明之當事人，得依職權公示送達之規定（修正第 26 條）。使全法增加為三十條。1969 年 11 月 5 日修正其第 24 條以配合民事訴訟法第 496 條（原為第 492 條）之修正，並無實質的重要意義。由於臺灣社會日趨安定，經濟日益繁榮，國民法律意識日益增高，1975 年 12 月 12 日全法重新增修為三十四條，其重大變革為：⑴增訂行政機關 ❿ 所為「逾越權限或濫用權力之行政處分，以違法論」（修正第 1 條第 2 項），使行政機關越權或濫權之裁量處分，亦得作為司法（行政訴訟）審查之對象 ⓫。⑵明定附帶請求損害賠償訴訟，須於提起行政訴訟之訴訟程序終結前為之 ⓬（修正第 2 條第 1 項）。⑶對於因天災或其他不可歸責於己之事由，致遲誤起訴之不變期間者，增設得聲請行政法院許可（第 10 條）之規定，使人民得聲請回復原狀。⑷為提高裁判效率，增訂第 24 條規定，行政訴訟之裁判，應規定期限，其期限，由行政法院定之 ⓭。⑸增訂不利益變更禁止原則，規

---

❿　為充分顯示民主化，將「官署」一律改為「機關」（參照《立法院公報》64 卷 87 期 18 頁以下）。

⓫　我國對於現行行政訴訟制度，於立法之初，雖倣第二次世界大戰前法、日諸國立法，採民刑、行政訴訟分開不同審判機關之二元化訴訟制度，但行政法院仍屬司法系統（司法院）而非行政系統（參照拙著前揭書第 9 頁）。

⓬　1975 年修正行政訴訟法僅有撤銷訴訟一種類型。人民除於撤銷訴訟得附帶提起損害賠償之訴外，因無一般公法上給付訴訟，不得以行政機關為被告向行政法院提起給付之訴。惟於 1981 年 7 月 1 日國家賠償法施行後（同法第 17 條參照），人民經一定程序（該法第 10 條）後，得依民事訴訟程序，向普通法院對國家（行政機關）提起國家賠償之訴（該法第 11 條、第 12 條）。

⓭　行政法院辦案期限規則係於 1982 年 5 月 28 日奉司法院核准施行，經 1994 年 10 月 20 日及 1998 年 4 月 20 日核定修正。依規則第 4 條規定行政訴訟事件應於分庭（指為審判之法院）後二十日內為審查其是否合於訴訟要件，不合法定要件者，應以裁定駁回之（規則第 4 條），此外訴訟事件之裁判，應於分庭後一年內為之（規則第 5 條）。事件自分庭之日起，逾九個月尚未終結者，由審

定行政法院之判決，如係變更原處分或原決定者，不得為較原處分或決定不利於原告之判決（第 27 條）❹。⑹刪除原第 27 條「行政訴訟費用條例另定之」之規定，使行政訴訟由有償制又變為無償制。此外增訂「行政訴訟之裁判」，須以其他法律關係是否成立為準據者，於該法律關係尚未確定時，行政法院得依職權，或當事人之聲請，暫停行政訴訟程序之進行，並通知當事人（增訂第 25 條）；並增加評事❺自行迴避之原因，規定為「有民事訴訟法第 32 條第 1 款至第 6 款情形之一者」，及「曾參與該訴訟事件再審前之裁判者，但其迴避以一次為限」，應自行迴避（修正第 6 條第 1 款、第 4 款）。上述二條文之修正，吾人認無實質意義，蓋依舊法第 33 條規定「本法未規定者，準用民事訴訟法」之規定，則準用民事訴訟法第 182 條第 1 項及同法第 32 條規定，本可達相同之目的。如有意義亦僅為「迴避以一次為限」之規定❻。

〔貳〕新法修正之重要原則及相關內容之簡介

近數十年來，臺灣由於工商業蓬勃發展，經濟繁榮，使政治更民主化，文化更精緻化，社會結構隨之亦有重大變遷；加以教育普及，人民權力及權利意識高漲，致行政訴訟事件大增。行政法院於 1950 年在臺復行審判職務，當年全年新收案件僅 23 件❼，但到 1981 年已增至 2153 件，30 年間

　　查科分別查明列冊，報請院長核閱後，通知承辦評事及其庭長促請注意（規則第 11 條）；逾一年未終結者，除由院長負責督促迅予辦理外，並按月填具遲延事件月報表報司法院（第 12 條）。

❹　此一規定，似有宣示行政訴訟，係以行政救濟為目的。行政處分之違法審查結果，反變成具有其目的之反射效果意義（參照拙著前揭書第 571 頁）。

❺　行政事件之審判官，在 1999 年 2 月 3 日行政法院組織法第 3 條修正前，稱為「評事」，後改稱為「法官」。

❻　民事訴訟法第 32 條第 7 款（相當於修正第 6 條第 4 款），雖未設迴避以一次為限，司法院釋字第 256 號解釋即據此為理由之一，認民事訴訟法該條款之迴避，亦以一次為限。

❼　參照❶《司法院史實記要》第 1372 頁。按臺澎地區係於 1945 年 10 月 25 日始

劇增近 93 倍。加以行政訴訟採一審終結及書面審理制度，且限於僅能對違法行政處分，提起撤銷訴訟一種，已不能滿足人民保障權利要求。司法院乃於 1981 年 7 月成立行政訴訟制度研究修正委員會,延攬司法界與學者專家共同參與研修工作，蒐集中外有關行政訴訟法之法例及學說，並分區舉行座談，廣徵各界意見，全面慎重研究檢討，歷經 11 年，開會 256 次，始完成修正草案，經提請立法院三讀通過後,由總統於 1998 年 10 月 28 日公布，完成行政訴訟制度之全新改革，即為新法。

關於新法修正之重要原則及相關內容，分別說明如下❶：

一、行政訴訟之審級，改二級二審制

行政訴訟之審級，由現行一審終結，改採二級二審制，行政法院分為最高行政法院及高等行政法院二級❶，即訴願人不服行政處分提起訴願，而不服訴願決定提起行政訴訟（新法第 4 條）；或提起確認訴訟（新法第 6 條第 1 項、第 2 項）、給付訴訟（新法第 8 條）、維護公益訴訟（新法第 9 條）、選舉罷免訴訟（新法第 10 條）者，得向高等行政法院提起之。不服高等行政法院之裁判者，得向最高行政法院提起上訴❷。以高等行政法院為第一審並為事實審兼法律審，最高行政法院為第二審（上訴審），原則上為法律審（新法第 254 條），即對於高等行政法院之判決，須以違背法令為理由（即新法第 243 條之事由）始得上訴（新法第 242 條）。對於適用簡易

適用國民政府於 1942 年 7 月 27 日修正之行政訴訟法。之前為日本所統治，適用日本法律。

❶ 參照行政訴訟法修正條文總說明，1999 年 1 月司法院出版行政訴訟法新舊條文對照表第 2～4 頁，共有 21 項，本文僅作綜合性簡要分析。又關於新法原修正草案，及其在立法院一讀討論之情形及評論，請參照翁岳生著〈我國行政訴訟制度之現況與課題〉（翁氏於 1997.5.2 在本會第二屆學術總會報告）。其中，關於雙軌制仍未為新法所採。而關於澄清應否設置行政法院之爭議，已訂於司法改革之具體措施時間表中（請參照本文〔伍〕一之說明）。餘均為新法所採。

❶ 參照行政法院組織法（1999 年 2 月 3 日公布）第二條。

❷ 參照行政法院組織法第 12 條。

程序之裁判提起上訴或抗告者，則須經最高行政法院許可，並以訴訟事件所涉及之法律上見解具有原則性者為限（新法第 235 條）。

二、增加訴訟種類及其類型

新法之訴訟種類，除舊法之撤銷訴訟外，增加確認訴訟及給付訴訟（新法第 3 條）。惟得提起撤銷訴訟者，仍以行政機關之違法或濫權之行政處分為限，不包括不當之行政處分❷。又依據其所定各種訴訟要件可分為下列訴訟類型，即撤銷訴訟（新法第 4 條）、請求應為行政處分訴訟（新法第 5 條）、確認訴訟（新法第 6 條）、合併請求損害賠償或其他財產上給付訴訟（新法第 7 條）、一般給付訴訟（新法第 8 條）、選舉罷免訴訟（新法第 10 條）、及維護公益訴訟（新法第 9 條）七類❷。可見新法包含主觀訴訟與客觀訴訟在內❷。

三、修正訴願前置主義

舊法僅得對行政機關之違法行政處分提起行政訴訟，且提起之前，須先就該行政處分提起訴願，如不服訴願尚須經再訴願程序始得為之（舊法

---

❷　訴願法隨新法之修正，亦於 1998 年 10 月 28 日修正，擴大行政處分之定義。依修正訴願法第三條規定，本法所稱行政處分，係指中央或地方機關就公法上具體事件所為之決定或其他公權力措施而對外直接發生法律效果之單方行政行為（第 1 項）。前項決定或措施之相對人雖非特定，而依一般性特徵可得確定其範圍者，亦為行政處分。有關公物之設定、變更、廢止或一般使用者，亦同（第 2 項）。無形中已擴大人民得提起撤銷訴訟之範圍。

❷　有謂新法所定行政訴訟，並不以上述七類型為限，尚有所謂「無名訴訟」者。謂依新法第 2 條規定，凡公法上爭議，除法律別有規定外，均得提起行政訴訟者（參照吳庚著《行政爭訟法》（修訂版）第 12 頁；蔡志方著《行政救濟法新論》第 115 頁；翁岳生編《行政法》（下）2000 年第 1142 頁、1147 頁）。但依該條修正說明二謂：「至公法爭議之具體訴訟，仍須具備本法所定各種訴訟之要件，始得提起」，似採限制見解，有待將來實務運作決定。

❷　參照拙著第 156 頁。

第 1 條第 1 項)。新法對於撤銷訴訟及請求應為行政處分之訴訟，雖仍維持訴願前置主義，但將訴願改採一級制 **㉔**，故經訴願程序後，即得提起行政訴訟。至提起其他類型之訴訟，則不適用訴願前置主義。

四、審判權限爭議之審理

我國關於民事訴訟與行政訴訟之審判，依現行法律之規定，係分由不同性質之法院審理，採二元訴訟制度 **㉕**。故就同一事件關於審判權 (Gerichtsbarkeit) 之誰屬發生爭議時，新法第 178 條規定：「行政法院就其受理訴訟之權限，如與普通法院確定裁判之見解有異時，應以裁定停止訴訟程序，並聲請司法院大法官解釋」。惟如行政法院並無異議，而人民對之有爭議時，依此規定仍無法解決，此時人民得於裁判確定後，以其憲法上之訴訟權受侵害為由，聲請司法院大法官解釋解決之 **㉖**。

五、訴訟參加制度之強化

基於訴訟經濟之要求，並防止裁判結果之兩歧及保護有利害關係之第三人，新法對訴訟參加制度作重大修正，將訴訟參加人分為四類，各賦予不同之裁判效果：

1. 必要共同訴訟之獨立參加：

新法第 41 條規定：「訴訟標的對於第三人及當事人一造必須合一確定者，行政法院應以裁定命該第三人參加訴訟」。遇此情形，行政法院有依職權命該第三人參加之義務 **㉗**。一經命參加時，該第三人即為行政訴訟之當

㉔ 訴願法亦於 1998 年 10 月 28 日配合修正改為一次訴願，廢除再訴願之規定(比較修正前訴願法第 3 條)。

㉕ 參照司法院釋字第 466 號解釋。拙著前揭書第 30 頁，惟如後述〔伍〕，於 2003 年 10 月 1 日司法改革第一階段完成時(參照 2002.7.26 司法院定位推動小組第 38 次會議紀錄)，將採一元單軌制。

㉖ 參照司法院釋字第 305 號解釋。拙著前揭書第 31 頁。司法院大法官審理案件法第 5 條第 1 項第 2 款、第 7 條第 1 項第 2 款。

㉗ 此與德國行政法院法第六十六條 (netwendige Beiladung) 規定為「裁判對第三

事人（新法第 23 條），並準用同法第 39 條（必要共同訴訟人間之關係）之
規定（同法第 46 條）。

2.利害關係人之獨立參加：

新法第 42 條規定：行政法院認為撤銷訴訟之結果，第三人之權利或法
律上利益將受損害者，得依職權命其獨立參加訴訟，並得因該第三人之聲
請，裁定允許其參加（第 1 項）。參加人並得提出獨立之攻擊或防禦方法（第
2 項）。第三人經行政法院依職權命其獨立參加或允其參加後，該第三人亦
為當事人（新法第 23 條），縱其事實上於訴訟中未參加訴訟，亦為既判力
所及，第三人不得聲請重新審理**㉘**。

3.行政機關之輔助參加：

新法第 44 條第 1 項規定：行政法院認其他行政機關有輔助一造**㉙**之必
要者，得命其參加訴訟。命參加之裁定應記載訴訟之程度及參加之理由，
送達於訴訟當事人，並於裁定前命當事人或第三人以書狀或言詞為陳述（新
法第 45 條）；其他行政機關亦得聲請參加（新法第 44 條第 2 項）。行政法
院之判決對參加之行政機關無既判力，但有參加效（新法第 48 條準用民事
訴訟法第 63 條）；惟依新法第 216 條規定，被撤銷或變更原處分或決定之
判決，就其事件有拘束各關係機關之效力。

4.利害關係第三人之輔助參加：

就兩造之訴訟有法律上利害關係之第三人，為輔助一造之必要，得聲

人必須合一確定」之情形不盡相同。請參照拙著前揭書第 92 頁以下。彭鳳至
著《德國行政訴訟制度及訴訟實務之研究》（1998 年 6 月、行政法院印行）第
一編第 7 頁。又本條所定「必須合一確定」係指「固有必要共同訴訟」之情形，
至「類似必要共同訴訟」之第三人，則無須依本條命其參加（請參照拙著前揭
書第 107 頁以下）。

㉘ 參照本文〔貳〕九之說明。

㉙ 此一造當事人應為參加被告之行政機關，若係參加被告行政機關之對造（即原
告），應認與行政機關參加訴訟制度之目的不合，不應准許（參照拙著前揭書
第 123 頁，吳庚著前揭書第 66 頁，蔡志方著前揭書第 153 頁；但陳清秀著《行
政訴訟法》第 276 頁似採不同見解）。

請參加訴訟（新法第 44 條第 2 項），其參加訴訟之程序及其效果，準用民事訴訟法第 59 條至第 61 條、第 63 條至第 67 條（輔助參加）之規定（新法第 48 條）。

六、行政訴訟審理之基本原則

1.行政訴訟程序之開始，採當事人進行主義；訴訟程序之進行及終結，則視其性質兼採職權進行主義。

2.關於訴訟標的之處分，除當事人有處分權，並與公益無關者外，不得任意為之，採限制的處分權主義。

3.高等行政法院為第一審訴訟程序，採言詞審理為原則（新法第 188 條第 1 項），例外始得不經言詞辯論逕行判決（新法第 107 條第 3 項、第 194 條）；最高行政法院為上訴審且為終審法院，原則上採書面審理主義，例外在一定條件下得行言詞辯論（新法第 253 條）。

4.事實審訴訟之審理，採集中審理方式。當事人攻擊防禦方法，應依訴訟進行之程度，於言詞辯論終結前適當時期提出之。行政法院為達集中審理之目的，得行準備程序協議並簡化爭點；審判長如認言詞辯論之準備不充足，亦得定期間，命當事人提出記載完全之準備書狀或答辯狀，並得命就特定事項詳為表明或聲明所用之證據（新法第 132 條準用民訴法第 196 條、第 271 條第 3 款、第 268 條）。

5.行政法院應依職權調查事實關係，不受當事人主張之拘束（新法第 125 條第 1 項）。於撤銷訴訟，應依職權調查證據，於其他訴訟為維護公益者，亦同（新法第 133 條）。當事人自認之效力於撤銷訴訟及其他為維護公益之訴訟，受有限制（新法第 134 條）。又提高當事人提出文書之義務，對於他造證據妨害之行為，亦設效果之推定（新法第 135 條、第 163 條、第 165 條）。

七、增設簡易訴訟程序❸⓿

---

❸⓿　簡易事件之範圍新法第 229 條第 1 項，就依訴訟標的金額或價額，及行政事件

對於輕微之行政訴訟事件（新法第 229 條第 1 項），適用簡易訴訟程序審理，以節省行政法院及當事人之勞費。

八、關於判決之特別規定

關於行政法院之判決，新法設有下述特別規定：

1.在撤銷訴訟判決中，⑴採用情況判決制度，於原告之訴有理由，但認其撤銷原處分或決定於公益有重大損害，顯與公益相違背時，得駁回原告之訴，諭知原處分或決定為違法（新法第 198 條），並得依原告之聲明命被告機關賠償其損害（新法第 198 條）。⑵命為回復原狀之處置，於行政處分已執行完畢，而行政法院為撤銷行政處分判決時，經原告聲請，並認為適當者，得於判決中命行政機關為回復原狀之必要處置（新法第 196 條）。⑶為代替判決：即使撤銷訴訟，其訴訟標的之行政處分涉及金錢或其他代替物之給付或確認者，行政法院得以確定不同金額之給付或以不同確認代替之（新法第 197 條）。使人民權利獲得更確實有效之保障。

2.在給付訴訟中，採用情事變更原則（新法第 203 條），以維護當事人實質之公平。

3.在請求應為行政處分之訴訟中，原告之訴有理由時，⑴案件事證明確者，應判命行政機關作成原告所申請內容之行政處分。⑵案件事證尚未臻明確或涉及行政機關之行政裁量決定者，應判命行政機關遵照其判決之法律見解對原告作成決定（新法第 200 條第 3 款、第 4 款）。俾免行政機關再作成違反裁判意旨之行政處分，以貫徹行政法院判決之效力。

九、增設重新審理制度

對於因撤銷或變更原處分或決定之判決，而權利受損害之第三人，如非可歸責於己之事由，未參加訴訟，致不能提出足以影響判決結果之攻擊

之性質分五款規定。關於金額或價額，原規定為新臺幣 3 萬元，嗣司法院於 2002 年 1 月依同條第 2 項規定將金額或價額提高為 10 萬元。其審理，由獨任法官為之（新法第 232 條）。請參照拙著前揭書第 615 頁以下說明。

或防禦方法者，該第三人得對於確定終局判決聲請重新審理（新法第 284 條）**③**。行政法院認其聲請不合法或無理由者，應以裁定駁回之。其有理由者，裁定命為重新審理（新法第 287 條、第 288 條）。其裁定確定後，回復原訴訟程序，依據其審級更為審判。聲請人（即第三人）於回復原訴訟程序後，當然參加訴訟（新法第 290 條）。重新審理後之判決，準用再審判決效力之規定（新法第 292 條），以保障受不利益判決之善意第三人。

十、明定暫時性權利保護制度

1. 停止執行：

人民對於違法行政處分不服提起行政救濟時，原則上無停止原處分或決定執行之效力，但行政法院得依受處分人或訴願人之聲請，以裁定停止執行（訴願法第 93 條第 3 項、新法第 116 條第 2 項、第 3 項）**③**。

2. 保全程序：

新法設第七編保全程序，採假扣押及假處分（但不得對行政處分假處分）制度，以保全強制執行**③**。

十一、增訂第八編強制執行

---

③ 外國立法例上，於此情形有規定第三人對確定之終局判決，以再審之訴為不服之聲明者，例如日本行政事件訴訟法第 34 條、韓國行政訴訟法第 31 條。

③ 關於訴願法第 93 條第 3 項與新法第 116 條第 2 項、第 3 項規定行政法院裁定停止執行間之關係，請參照拙著前揭書第 730 頁。朱健文撰〈論租稅行政爭訟之暫時權利保護程序〉（2002 年 5 月博士論文發表本）第 218 頁以下。另須說明者，舊行政訴訟法第 12 條但書雖規定行政法院得依職權或原告之請求停止原處分或原決定之執行，但在人民提起行政訴訟前，仍不得聲請停止執行（行政法院 1958 年裁字第 26 號判例），致人民在訴願階段，不能獲得司法之適時保障（參照翁岳生著前揭**⑱**文）。新法及訴願法對此加以修正，使人民亦得向行政法院聲請停止執行，可謂進步立法。

③ 關於新法第七編所採假扣押及假處分制度之討論，請參照拙著前揭書第 742 頁以下。朱健文前揭論文第 252 頁、第 254 頁。

為使行政法院裁判內容具體實現，新法第 306 條規定：高等行政法院得設執行處辦理強制執行事務；亦得囑託普通法院民事執行處或行政機關代為執行。其程序分別準用強制執行法或行政執行法。

十二、關於訴訟費用

行政訴訟不徵收裁判費，但仍應徵收其他進行訴訟之必要費用。其徵收辦法由司法院定之。該費用由敗訴之當事人負擔，惟行政法院為情況判決時，則由被告負擔（新法第 98 條）。

十三、增訂最高行政法院釋憲聲請權

我國釋憲及違憲審查權專屬司法院大法官（憲法第七十八條、第七十九條第二項），為解決行政法院就其受理事件，對所適用法律，發生確信有牴觸憲法之疑義而不能判決之困難，新法第 252 條規定：「最高行政法院得以裁定停止訴訟程序，聲請大法官解釋」。

十四、個別準用民事訴訟法

舊法第 33 條規定：「本法未規定者，準用民事訴訟法」。僅作抽象準用之規定，新法則除民事訴訟法規定與行政訴訟性質不合，或屬重要原則者，自行規定外，並依各編章節次，逐條列舉得準用民事訴訟法之條文。

〔參〕司法院為因應 2000 年 7 月 1 日新法施行❸❹前所為各種準備

司法院為因應新法之施行，自新法研修時即開始從事準備工作，值得提出報告者，有下列措施：

---

❸❹　新法係依其第 308 條第 2 項規定，由司法院於 1999 年 7 月 8 日以 (88) 院臺廳行一字第 17712 號令，定於 2000 年 7 月 1 日施行。

一、行政法院法官之培訓

　　新法於研修草案決定採二級二審制後，自需有許多富有行政法、行政訴訟素養之法官擔任第一審審判工作。為此，司法院自 1992 年 1 月起至 1996 年 2 月止，舉辦九期儲備行政法院法官之「行政訴訟研究會」，由普通法院之法官參加講習，課程除包括行政訴訟法修正草案要旨、新訴訟種類即給付訴訟及確認訴訟之介紹、民事法院與行政法院權限衝突問題之解決等問題之研討外，復有行政處分、行政命令與行政契約、及智慧財產權訴訟有關實務課程之講授，受訓法官共達 288 人，為推動行政訴訟制度改革之新血輪。復於 1997 年及 1998 年分別舉辦二期「行政訴訟業務研討會」，邀集改制前之行政法院評事（即最高行政法院法官）共同研討，並安排行政訴訟法修正草案所規定之訴訟種類、訴訟程序之變革等課程，俾於新法施行時，即可展開改革工程。

二、高等行政法院之籌備

　　司法院為使新法順利施行，於 1996 年 11 月 7 日成立高等行政法院籌備小組，以因應新制重大變革之需求。由前行政法院鍾院長曜唐為總召集人，下設六個分組，⑴裁判主文格式分組、⑵相關法規分組、⑶法官研習分組、⑷公文例稿分組、⑸開發電腦作業軟體分組、⑹書記官訓練分組，分頭進行籌備工作，使 2000 年 7 月 1 日各高等行政法院成立時，均能順利運作。

三、高等行政法院法官於任職前之專業訓練及在職進修

　　為配合新法改革之實施，行政法院組織法亦於 1999 年 2 月 3 日修正公布，並與行政訴訟法修正條文同時施行。依該法第 17 條規定，高等行政法院法官除由已取得行政法院法官資格者擔任外，其由普通法院法官遴選改任者，或具其他甄試資格經甄試審查合格而任用者❸，均須施以行政法、

---

❸　依行政法院組織法第 17 條第 1 項規定，除原具有行政法院法官資格者可擔任高等行政法院法官外，一定資格之普通法院法官、檢察官則須經遴選合格始得

行政訴訟法、商標法、專利法及租稅法等專業訓練（同條第 2 項、第 3 項）。為此，司法院於新法施行前後，在 1999 年、2000 年及 2002 年舉辦三期高等行政法院法官專業訓練，其課程除包含法定之必修課程外，尚包括土地法、公平交易法、新修正之訴願法等課程，邀請中外學者專家擔任講座，其內容理論與實務並重，同時亦介紹外國相關制度，例如德國公法學教授 Prof. Dr. Karsten-Michael Ortloff 以「裁判外紛爭解決——德國行政訴訟之調解 (Alternative Konfliktlösung—Zur Mediation im deutschen Verwaltungsprozeβ)」為題作專題演講，又本次報告人之一宮崎教授亦為其中一位（日本方面尚有濱秀和先生）。三期共有受訓法官 144 人。

又依行政法院組織法第 19 條第 2 項規定，行政法院法官任用後，每年應辦理在職進修，以充實其行政法學及相關專業素養，提昇裁判品質。新法施行後，司法院鑑於各級行政法院受理之行政事件中以稅務事件為大宗，乃於 2001 年 7 月 2 日至 6 日舉辦以稅務研討為題之在職進修。2002 年 3 月 18 日至 22 日則以土地爭訟事件為專題之在職進修。聘請德國公法學教授 Prof. Dr. h.c. Hans Eberhard Schmidt-Aβmann 以「憲法理念對行政訴訟之影響 (Ausstrahlungswirkungen der verfassungsrechtlichen Ideen auf den Verwaltungsprozeβ)」及「行政法上的訴權與權利保護必要 (Klagebefugnis und Rechtsschutzbedürfnis im Verwaltungsrecht)」等題作專題演講，並與法官座談討論，使與會法官受益良多。

四、出版相關書籍供法官辦案參考

為落實行政訴訟制度之改革，司法院積極編輯、翻譯出版各類與行政

擔任，此外一定資格之法學教授、中央研究院研究員、機關辦理訴願或法制業務人員，有執行行政訴訟業務經驗律師，經甄試審查合格，並經專業訓練合格，亦得擔任高等行政法院法官。關於行政法院法官之任用資格是否由辦理訴願或法制業務之高級公務員充任，審判中其所佔合議庭法官人數是否應佔一定比例？在審議過程，司法院、行政院間，及立法院與行政院間曾有尖銳對立（請參照翁岳生前揭❸文），嗣經協商採折衷立法，即如上規定。

訴訟相關書籍，例如《行政法院、最高行政法院裁判選輯》、各國行政法院法或行政訴訟法之中譯本 ❸⓺、《行政訴訟論文彙編》、《德日英美行政事件裁判要旨選輯》、《行政撤銷訴訟之研究》、《德國行政給付訴訟之研究》、《德國行政訴訟事件裁判選輯》等是。並由司法院將最高行政法院庭長法官聯席會議、高等行政法院法律座談會及各高等行政法院庭長法官聯席會議 ❸⓻中所討論之法律問題及其結論，編輯成《資料彙編㈠》(2001 年 12 月出版)，供行政法院辦案之參考。2001 年起並組成專案小組，聘請各大學留德之行政法學者二十二人，對 Erich Eyermann 等原著、Harald Geiger 等增訂之《註釋德國行政法院法》(*Verwaltungsgerichtsordnung, Kommentar*) 增訂 11 版 (C. H. Beck 2000) 分別從事翻譯，預定今年可以完成 (已於 2002 年 10 月出版)。對於新行政訴訟制度之了解與推行，必有極大助益。

〔肆〕新法施行二年後運用之狀況

新法雖於 1998 年 10 月 28 日公布，但因其變革極大，為使關係機關有充分準備，相關法令得以配合修正，司法院依新法第 308 條第 2 項規定，命令於 2000 年 7 月 1 日施行新法。使我國行政訴訟制度，邁入新紀元。

一、行政法院改制為最高行政法院

新法於 2000 年 7 月 1 日施行，行政訴訟制度改採二審制，故同日行政法院改制為最高行政法院。新法施行前已繫屬而尚未終結之行政訴訟事件及確定裁判之再審事件，由最高行政法院依新法裁判 (新法施行法第 2 條、第 3 條)。關於新法施行運用狀況，從 1991 年至 2000 年新法施行及 2001 年之統計中 (如附表一～四)，可比較其運作之概況。其中 2000 年 1 月至 6 月舊法時期新收案件 2677 件，舊受 7182 件 ❸⓼，終結 3440 件。當中以判決

---

❸⓺ 已譯者例如德、日、奧、法、韓等國相關法律。

❸⓻ 最高行政法院及各高等行政法院，因溝通院內法律見解及解決法律問題，由各該院庭長法官舉行不定期聯席會議以為解決；又為溝通各行政法院間之不同法律見解及解決法律問題，每年舉行高等行政法院法律座談會，力求各院間意見之統一。

駁回原告之訴者 2084 件，駁回再審之訴者 148 件，共佔終結件數 63.84%；判決撤銷原處分或原決定者（包括全部或一部）223 件，佔 6.48%；再審之訴廢棄原判決 3 件，佔 0.09%；其餘為裁定或撤回等原因終結者。又終結之事件中，以稅捐事件最多 1510 件，次為關務事件 393 件，土地事件 270 件，考銓事件 243 件❸，專利事件 196 件。2000 年 7 月至 12 月新法施行，第一審事件新收 399 件，舊受 4723 件，終結 1814 件，終結事件中判決撤銷原處分或決定（包含全部或一部）者 254 件，佔終結件數 14%；第二審事件新收 150 件（其中抗告事件 112 件），上訴事件均未終結；抗告事件終結結果，駁回者 20 件，廢棄原裁定者 3 件，1 件他結。判決終結事件仍以稅捐事件最多，其次序與上半年同。2001 年新收案件 3138 件，較上年度減少 15.69%，其中八成為新法訴訟事件，終結件數 3845 件，較上年度減少 34.19%。終結事件以第一審 2605 件最多，其中撤銷原處分或決定者為 378 件佔總終結件數 14.51%；發交高等行政法院者 0.5 件，第二審終結 251 件，其中廢棄原判決者 3 件佔總終結件數 1.20%，廢棄原裁定或更為裁定者 12 件，佔總終結件數 4.78%。終結件數中，第一審事件以稅捐事件 975 件最多，其下依次為專利事件 260 件、商標事件 246 件、土地事件 243 件、關務事件 173 件。第二審（上訴）事件，亦以稅捐事件 43 件為最多，其下依次為土地事件 13 件、環境保護事件 7 件、考銓事件 6 件、關務、建築事件各 5 件。2002 年 1 月至 6 月止之情形，新收分案 1893 件，較上年同期增 31.20%，其中上訴事件 1250 件，抗告事件 286 件，分較上年同期增 1.2 倍，9%，終結 1768 件，較上年同期增 0.4%，結案件數中 64% 為舊法時期事件，上訴事件 295 件，抗告事件 319 件。6 月底未結 4479 件，較上年同期減 5.6%，平均結案日數，自收案日❹起算為 430.7 日，自分案日起算為

---

❸　舊受係指承接上年度未終結之事件。

❸　係因司法院釋字第 187 號解釋，擴大因特別權力關係所生公法上爭訟，得提起行政訴訟後，公務員因退撫、記過免職、俸級、訓練等處分提起之行政訴訟增加所致。

❹　收案日係指行政法院收受人民起訴狀之日；分案日係指法官收受承辦案件之

42.9 日，均較上年同期為快速，平均每位法官每月收案 21.9 件（較上年同期增 3.1%），結案 20.5 件（較上年同期減少 2.5%）。

二、新設臺北、臺中、高雄高等行政法院

　　2000 年 7 月 1 日新法施行，司法院於臺北、臺中、高雄分別設立高等行政法院受理全國第一審行政訴訟事件，2000 年 7 月至 2002 年 6 月止之收結運作情形如附表一～四。三所高等行政法院 2000 年 7 月至 12 月新收案件 20698 件，其中第一審事件為 20447 件，佔全部案件 98.79%（內中勞工保險局移送催繳勞工保險費事件最多**❹**），聲請停止執行事件 100 件佔 0.48% 次之。結案件數 2541 件，其中第一審事件 2327 件，佔全部終結案件 91.58%（內中判決終結者 53.59%，裁定駁回者 21.70%），餘為撤回、移送管轄、和解或其他情形終結。如按訴訟種類分類，給付訴訟終結 1552 件，佔 66.70% 最多，撤銷訴訟 710 件，佔 30.51% 次之；若按事件性質分類，以保險事件 1554 件最多，佔 66.98%，稅捐事件 306 件，佔 13.15% 次之，土地事件 113 件佔 4.86% 再次之。至 2001 年全年度三所高等行政法院共收新案 27516 件，以第一審事件 26544 件佔 96.4% 最多，強制執行事件 646 件次之。當年度終結件數 39274 件，其中第一審事件 38313 佔 97.55% 最多（內中判決終結者佔 9.51%，裁定駁回者佔 84.40%）。其餘為撤回者佔 4.37%，移送管轄者佔 0.28%，其他佔 1.49%。若以訴訟種類分類，以給付訴訟 32505 件佔 84.84% 最多，撤銷訴訟 5317 件佔 13.88%，按事件性質分類，以保險事件 32585 件佔 85.05% 最多，稅捐事件 2239 件佔 5.84% 次之，土

　　日。行政法院收受起訴狀後，先由審查科作形式要件之初步審查，其須命補正者，並由審判長先命補正，須向相關機關調卷者，發函調卷，嗣彙整後，始行分案，故須相當時日，而有收案日與分案日計算之不同。

❹ 勞工保險費催繳事件，在新法施行以前，因無給付訴訟類型，不得向行政法院起訴請求，依司法院釋字第 466 號解釋意旨，在新法施行前，許向普通法院起訴。故此類事件均由普通法院受理。新法施行後皆移高等行政法院審判。故高等行政法院成立後之前二年以此類案件最多，共計 33760 件，約佔給付訴訟總件數 97%。

地事件佔 508 件佔 1.33% 再次之。2002 年 1 月至 6 月三所高等行政法院總收案件 4721 件，較上年同期減少 79.2%。其中第一審訴訟事件 4511 件，較上年同期減少 80.2%❷。

綜上分析，在新法施行二年（2000 年 7 月 1 日至 2002 年 6 月 30 日）間，㈠三所高等行政法院受理行政訴訟事件及其已終結之情形如附表五，須特別說明者，依第一審通常訴訟程序判決得上訴之事件 5864 件中，提起上訴者為 2611.5 件，上訴率 44.53%；依第一審簡易程序判決得上訴之事件中，提起上訴者僅 156.5 件，上訴率為 9.86%。上訴結果，如附表八，經最高行政法院廢棄原判之百分比為 5.45%，撤銷原裁定之百分比為 6.68%。㈡三所高等行政法院終結訴訟，其終結依其訴訟類型結果，如附表六。須說明者：⑴撤銷訴訟事件中（包括併為給付之訴訟），其原告勝訴比率為 15.17%（但未見有情況判決）、和解成立比率 4.12%。⑵和解事件數佔總終結件數之 0.95%。⑶給付訴訟事件共計 34493 件，惟其中 33760 件為給付勞工保險費及加徵滯納金事件（已於 2001 年 12 月底全部終結）❸。㈢依訴訟事件之性質，終結事件數之多寡，依次為保險事件、稅捐事件、土地事件、環境保護事件、建築事件、商標事件、專利事件、營業事件、考銓事件、勞工事件。㈣三所高等行政法院就暫時性權利保護事件，受理及終結情形如附表七。須說明者，保全程序之准許率 44.62%，停止執行之准許率 4.15%，此類裁定經抗告最高行政法院，保全程序之維持率 84.62%，停止執行程序之維持率 89.33%。㈤三所高等行政法院受理之訴訟事件，總件數為 11120 件，其中新收事件 10863 件，屬通常訴訟程序之事件 9278 件，佔 83%，屬簡易訴訟程序之事件 1571 件，終結總件數為 4260 件，其中依通常訴訟程序判決終結者 3955 件，佔 69%，依簡易訴訟程序判決終結者 655 件，佔 15%，簡易訴訟程序判決之事件，經許可上訴 49 件。可見簡易訴訟程序在我國行政訴訟之審理上，發揮有一定之效果。

---

❷　其中最主要原因係勞工保險事件劇減。

❸　參照❶之說明。

〔伍〕新法實踐後之檢討與將來改革之動向

一、司法改革對行政訴訟制度之影響

司法院自 1999 年 7 月 6 日組成司法改革會議，研議司法全面改革，其內容包括司法定位、司法行政權之分配與歸屬、審判制度之改革、人民對司法審判之參與、司法人員、律師之培養、法學教育之充實等三十二項，其中關於行政訴訟制度因在此研議階段已作相當改革，並完成新法之施行，故直接與行政訴訟制度之再改革有關者為：依全國司法改革會議結論具體措施暨時間表❹，由於司法院定位為審判機關化❺，使行政訴訟之審級制度，須依其時間表而作修正，其近程目標將於 2003 年 10 月 1 日完成司法院為一元多軌制，廢除目前之最高法院、最高行政法院、公務員懲戒委員會三機關（三元），將其業務統歸司法院直接掌理（一元化）。於司法院設民事庭、刑事庭、行政訴訟及懲戒庭三庭（多軌）。改革初期，每庭內仍設多庭，由（一般）法官擔任審判，逐漸減少三庭內之庭數。至 2007 年 12 月 31 日三庭內各減為祇有一庭，仍由一般法官擔任審判。至 2010 年 12 月 31 日完成最終改革，成為一元單軌制。司法院為終審法院，審判均由大法官擔任。由全體大法官組成大法庭，審理釋憲、政黨違憲解散、政務官懲戒、違背判例事件之審判；並組成小法庭，由全體大法官分成民事庭、刑事庭、行政訴訟及懲戒庭三庭，每庭大法官五人。各庭下設調查官若干人，由第

---

❹ 參照司法院印「全國司法改革會議結論具體措施暨時間表」（1999 年 7 月 26 日發行）。

❺ 依憲法第 77 條規定：「司法院為國家最高司法機關，掌理民事、刑事、行政訴訟之審判及公務員之懲戒」。惟自行憲以來，仍續由司法院所設最高法院掌理民刑事訴訟，行政法院（2000 年 7 月 1 日新法施行改稱最高行政法院）掌理行政訴訟，公務員懲戒委員會掌理公務員之懲戒之審判（參照司法院組織法第 7 條）。司法院除大法官外，不直接掌理審判，而淪為司法行政監督機關。大法官於 2001 年著成司法院釋字第 530 號解釋（第三段）中，依憲法精神指摘及此，並指應於二年內檢討修正。

二審資深法官充之，負責蒐集資料、審查及擬判等工作，並採取嚴格法律審及採取許可上訴制，將來各庭所作判決即為判例。是將來行政訴訟制度，勢必亦須依上述時間表作配合修正，尤其在完成一元單軌制時，上訴審制度，自須作相當修正，殊無待言。

二、新法實踐二年後所生問題點

新法在施行前，司法院用 2 年時間作各方準備，但自施行以來仍發現有若干問題，為此司法院於 2001 年 3 月復組織行政訴訟制度研究修正委員會，聘請學者專家、最高行政法院庭長法官為委員，就新法施行以來所生問題，分迫切需要討論、急需研究修正者為近程，及遠程二階段進行研修；其中近程優先討論之議題有 11 問題❹：

㈠有關準用民事訴訟法規定之檢討

1.新法關於民事訴訟法之準用，係採列舉規定（參照〔貳〕十四），惟新法 1998 年 10 月公布後不久，民事訴訟法即於 1999 年 2 月及 2000 年 1 月二次重大修正，將民事訴訟之審理程序從併行審理主義修正為集中審理主義。為此修正民事訴訟法課當事人善盡其協力進行訴訟義務，促當事人將所掌握之事實證據及相關訴訟資料，儘可能於訴訟前階段提出；復擴大法官闡明義務範圍，以便法官及當事人能及早瞭解案情，並整理、確定及簡化爭點，俾利於集中調查證據，使言詞辯論集中而有效率，以促進審理集中化、貫徹直接審理主義及言詞審理精神。因此，原列舉準用民事訴訟法條文之內容有變更，復增列相關之條文者，導致實務上在準用民事訴訟法發生若干窒礙之處❹。

2.因勞工保險機關為取得對勞工所欠保險費及滯納金給付之執行名義，而提起之給付訴訟❹，佔全部給付訴訟事件之比率極高，此類事件爭

---

❹ 此 11 問題係依司法院 2001 年 3 月 19 日所提資料。

❹ 參照彭鳳至著〈行政訴訟法準用民事訴訟法立法方向的商榷——兼論民事訴訟法本次修正對行政訴訟法適用的影響〉（載於《法官協會雜誌》第 3 卷第 1 期，2001 年 6 月）。

議性不大。故有建議是否可準用民事訴訟之督促程序或為類似規定者。

㈡新法對於請求應為行政處分之訴訟（新法第 5 條），漏未規定其起訴之期間，與第 4 條比較似不合理，是否應予補訂。

㈢公私法爭議關於審判權有無之疑義，新法雖設有第 178 條之規定，仍不免使人民負擔公私法區別困難之不利益，有無採移送制度立法之可能性。

㈣檢討管轄權之規定

新法關於管轄權之規定，係倣民事訴訟「以原就被」原則。惟行政訴訟與民事訴訟不同，其被告絕大多數為行政機關，為合理分配各高等行政法院之受理事件數量，及便利人民訴訟權之行使，有無採「以被就原」之可能。又關於土地徵收或其他不動產涉訟事件，可否亦得由不動產所在地之高等行政法院管轄。再者駐外使領館或代表機構所為行政處分，應由何高等行政法院管轄，亦有明定之必要。

㈤訴訟代理制度，有無全面採取律師強制代理制度或變形方式，以加速訴訟進行之可能。

㈥簡易訴訟程序有無擴大其適用範圍，其上訴或抗告之許可，可否改由原裁判法院為之，以節省司法資源，俾重大繁雜事件有較充分審理之時間。

㈦人民一再濫用再審程序，再審程序有無再檢討修正，以免浪費司法資源之可能。

㈧德國行政法院法第 93 條之 1 範例訴訟 (Musterverfahren)，有無仿效之價值，用以處理大量基於同一原因事實起訴之行政事件，以節約司法資源。

㈨行政訴訟是否仍應回復徵收裁判費，以防止濫訴？應否制定行政訴訟費用法？並依訴訟種類而為不同之規定。

㈩有無依立法院通過新法時之附帶決議，研討有無增設公益代表人制度之必要。

---

❹❽ 參照 ❹❶。

㈩其他不能配合條文之修正。

三、行政訴訟制度研究修正委員會最近研修之成果及其提出之行政訴訟法部分條文修正草案

行政訴訟制度研究修正委員會，歷經 29 次會議，完成行政訴訟法部分條文修正草案二稿，計刪除 1 條，修正 124 條，增訂 14 條，除因配合司法院審判機關化，原最高行政法院組織將廢止，故新法相關條文須配合修正外，值得注意者有下列數項：

㈠新法對於課予義務訴訟及不經訴願即可提起撤銷訴訟或課予義務訴訟之情形，漏未規定起訴應遵守之不變期間，修正草案予以補訂（草案第 5 條、第 106 條）。

㈡為保障人民訴訟權之行使，修正草案採審判權恆定主義，審判權不因訴訟繫屬後事實及法律狀態變更而受影響；訴訟繫屬於行政法院後，當事人不得就同一事件向其他不同審判權之法院更行起訴（草案第 12 條之 1）。行政法院認其有審判權而為裁判經確定者，其他法院受該裁判之拘束；如認其無審判權者，應依職權移送至有審判權之管轄法院。受移送之裁定確定時，受移送之法院認其亦無審判權者，應裁定停止訴訟程序，聲請司法院憲法法庭審理之。如經司法院憲法法庭裁判認受移送之法院無審判權時，應再行移送至有審判權之法院。當事人就行政法院有無審判權有爭執者，行政法院應先為裁定（草案第 12 條之 2）。

㈢增修管轄權之相關規定。規定被告之公務所或所在地不在我國境內者，由中央政府所在地之高等行政法院管轄（草案第 13 條第 4 項）。將不動產徵收、徵用、撥用或公用之訴訟，定為專屬管轄；對於因公法上之保險事件涉訟者，得由為原告之被保險人、受益人之住所地，或被保險人從事職業活動所在地之高等行政法院管轄（草案第 15 條之 2），兼採「以被就原」之原則。

㈣修正採用德國團體訴訟 (Verbandsklage) 制度精神，將第 35 條規定修正為「以公益為目的之法人，於其章程所定目的範圍內，得為公共利益

提起訴訟。但以法律有特別規定者為限（第 1 項）。前項規定於以公益為目的之非法人團體準用之（第 2 項）」。

㈤充實訴訟代理制度，明定以非律師為訴訟代理人者，除依法令取得與訴訟事件有關之代理人資格者（例如會計師、工業技師）外，應得審判長之許可；於上訴審則採律師訴訟主義（草案第 49 條第 3～6 項、第 241 條之 1～2），以維護當事人之權益。

㈥回復徵收裁判費，及強制執行時，徵收執行費之規定，且採預納制，以合理使用司法資源，保護正當權利人迅速獲得行政法院之保護，並準用民事訴訟法關於訴訟費用擔保之規定（草案第 100 條、第 104 條、第 305 條）。其無資力支出訴訟費用者，得聲請訴訟救助（新法第 101～103 條）。復明定費用之徵收及計算另以法律定之（草案第 98 條第 2 項、第 305 條第 5 項）。

㈦強化對於人證之規定，提高證人不到場或拒絕證言、第三人不從提出文書之命時，課處罰鍰之最高金額為新臺幣三萬元（草案第 143 條、第 148 條、第 169 條）。並明定當事人得就應證事實及證言信用之事項，向審判長陳明後自行發問。但不得為與應證事實無關、重複或誘導之發問；亦不得有侮辱證人或其他不當情事，否則審判長得限制或禁止之（草案第 154 條第 1～2 項）。

㈧增設經當事人雙方同意者，高等行政法院得不經言詞辯論而為判決（草案第 188 條第 1 項但書），以兼顧當事人之程序利益與實體利益。

㈨為擴大簡易程序之利益，將適用簡易程序之金額或價額，由原新臺幣三萬元（但得減至二萬元或提高至二十萬元），提高為十萬元（但得減至五萬元或增至三十萬元）（草案第 229 條）。

㈩簡化裁判書之製作： 1. 判決書之理由項下，如高等行政法院之意見與原處分或原決定之理由相同者，得引用之；如有不同或當事人另提出新攻擊或防禦方法者，應併記載其意見（草案第 209 條第 3 項）。2. 高等行政法院於⑴本於捨棄或認諾之判決，⑵受不利益判決之當事人於宣示判決時，捨棄上訴權，⑶受不利益判決之當事人於宣示判決時，履行判決所命之給

付情形之一時，得將判決主文記載於言詞辯論筆錄或宣示判決筆錄，不另作判決書，其筆錄正本或節本之送達，與判決正本之送達有同一之效力（草案第234條之1）以減輕法官製作裁判書之負擔。

㈡一再再審之防止：再審之訴，行政法院認無理由，判決駁回後，不得以同一事由對於原確定判決或駁回再審之訴之確定判決，更行提起再審之訴（草案第274條之1），以防止濫行再審浪費司法資源。

㈢民事訴訟法準用規定之修正：⑴仍保留新法於各章節條列準用之形式，並就1999年及2000年民事訴訟法之修正條文，修正增列於新法各章節。⑵增訂概括性準用規定，於草案第307條之1規定：「民事訴訟法之規定，除本法已規定準用者外，與行政訴訟性質不相牴觸者，亦準用之」。

㈣強化暫時權利之保護，擴大假處分之範圍。將新法第299條原規定：「關於行政機關之行政處分，不得為前條之假處分」，修正為「得依第116條請求停止原處分或決定之執行者，不得聲請為前條之假處分」。

上述修正草案，係針對新法施行二年來所遇問題，而須即為修正者所提出。此為近程之修正。事實上行政訴訟制度研究修正委員會尚未結束，除前述11個議題中，有關範例訴訟、公益代表人制度等問題，認有進一步研究必要，列入遠程修正計畫中外，誠如新法第1條之規定：行政訴訟以保障人民權益，確保國家行政權之合法行使，增進司法功能為宗旨。近程完成之修正草案，即本此旨。遠程之研修對象，除上述二制度外，依我國憲法第16條規定，訴願權雖係人民基本權利，而不能廢除訴願制度，但人民提起行政訴訟，特別是撤銷訴訟或請求應為行政處分之訴訟，是否必須採訴願前置主義，課以人民應先踐行訴願程序？或可採雙軌制（此在我國法制史上曾採用，已如〔壹〕、〔貳〕之討論），讓人民有程序之選擇權？又如何加強職權調查證據、集中審理、提高審判效率等問題，均將隨新法實踐之經驗，隨時研修，期能達盡善盡美境地。

以上報告，如有不周或不當，敬請見諒，不吝指教！

㈱表一) 新舊法期間各級行政法院法官人數及收結案件情形

年度		1991	1992	1993	1994	1995	1996	1997	1998	1999	2000	2001
最高行政法院 行政法院	A	27	27	31	28	29	25	22	24	25	23	24
	B	20.40	20.68	21.83	19.83	23.71	23.6	22.46	19.24	29.22	26.58	24.92
	C	57.76	58.32	64.13	61.34	69.36	79.05	77.71	119.65	256.35	369.39	501.77
	D	4282	4941	5149	5540	6159	6388	6511	9854	12721	10904	8199
	E	3809	4433	4426	4801	5220	5373	5434	8599	7253	3722	3138
臺北 高等行政法院	A										14	18
	B										14.62	132.39
	C										83.14	162.18
	D										11451	25948
	E										742	15275
臺中 高等行政法院	A										8	11
	B										32.79	99.79
	C										51.02	94.17
	D										5449	10192
	E										1187	5930
高雄 高等行政法院	A										7	9
	B										20.40	104.07
	C										50.30	104.55
	D										3798	9497
	E										612	6311

說明： 1.資料來源：《司法統計提要》（2001.2002年度）
　　　2.A.該年年底法官人數（包括院長、庭長在內）B.每位法官平均每月結案件數C.平均每案結案所需日數（自收案至結案）D.全院全理受理案件總件數E.總件數中，新收案件件數
　　　3.高等行政法院係於2000年7月1日成立

㈱表二) 新法期間各級行政法院結案事件前二十類案件

審別 年度 性質		最高行政法院				高等行政法院（三院）		
		1999（全年）	2000（全年）	2001（全年）	2002（1～6月）	2000（7～12月）	2001（全年）	2002（1～6月）
結案總數		5016	4661	2605	560	2327	38313	4260
稅捐	名次	(一)	(一)	(一)	(一)	(二)	(二)	(一)

		3452	2065	975	205	306	2239	1435
關務	名次	(六)	(二)	(五)	(六)	(八)	(士)	(士)
	件數	117	620	173	22	21	144	71
商標	名次	(四)	(五)	(三)	(四)	(四)	(五)	(六)
	件數	189	221	246	56	37	339	181
專利	名次	(五)	(四)	(二)	(二)	(士)	(六)	(五)
	件數	181	250	260	66	7	317	195
土地	名次	(三)	(三)	(四)	(三)	(三)	(三)	(四)
	件數	215	370	243	57	113	508	290
建築	名次	(九)	(九)	(九)	(九)	(五)	(七)	(二)
	件數	66	94	57	14	36	221	320
營業	名次	(八)	(十)	(八)	(五)	(士)	(八)	(八)
	件數	75	93	58	26	12	210	116
交通	名次	(七)	(士)	(士)	(四)	(士)	(士)	(士)
	件數	13	44	19	2	9	85	48
環境保護	名次	(七)	(七)	(七)	(十)	(六)	(四)	(七)
	件數	84	164	93	12	35	385	176
勞工	名次	(士)	(士)	(士)	(士)	(士)	(九)	(十)
	件數	18	18	10	1	2	202	86
保險	名次	(十)	(八)	(十)	(八)	(一)	(一)	(三)
	件數	49	107	52	18	1554	32585	306
國家賠償	名次	(九)	(士)	(九)	(士)	(十)	(士)	(九)
	件數	5	11	7	2	14	29	18
廣播電視	名次	(士)	(士)	(六)	(士)	(七)	(士)	(士)
	件數	37	41	131	8	32	56	23
考銓	名次	(二)	(六)	(七)	(七)	(五)	(十)	(九)
	件數	292	219	93	19	36	158	115
國防	名次	(士)	(十)	(士)	(士)	(九)	(士)	(士)
	件數	26	93	14	2	16	68	28
衛生	名次	(士)	(士)	(士)	(士)	(士)	(士)	(士)
	件數	32	30	20	6	4	46	30
教育	名次	(四)	(五)	(六)	(四)	(三)	(六)	(五)
	件數	19	20	12	2	7	55	36
入出境	名次	(六)	(四)	(四)	(四)	(士)	(四)	(士)
	件數	17	22	17	2	7	57	49
林業	名次	(六)	(士)	(士)	(士)	(五)	(七)	(四)
	件數	7	30	25	7	4	48	38
戶政	名次	(七)	(七)	(六)	(四)	(四)	(二)	(二)
	件數	13	17	8	2	5	14	12

(附表三) 新法期間各級行政法院收結案件情形

		最高行政法院				高等行政法院		
		1999	2000	2001	1～6月 2002	2000	2001	1～6月 2002
受理件數	合計	12721	10904	8199	6247	20698	45673	11120
	舊受	5468	7182	5061	4354	0	18157	6399
						通 7606	11937	3660
						簡 13092	15579	1061
	新收	7253	3722	3138	1983	計 20698	27516	4721
終結件數	合計	5539	5843	3845	1768	2541	39274	4466
						通 947	11532	3593
						簡 1380	26781	665
	第一審	5016	4661	2605	560	計 2327	38313	4260
	第二審	–	–	109	295	–	–	–
	再審	506	1130	828	573	31	45	20
	重新審理	–	–	–	–	–	–	–
	抗告	0	24	177	319	–	–	–
	停止執行	–	–	–	–	85	180	72
	保全	–	–	–	–	22	55	53
	強制執行	–	–	–	–	6	643	33
	其他	17	28	126	21	155	218	102
未結件數		7182	5061	4354	4479	18157	6399	6654
法官平均結案日數（自分案至結案）		48.16	40.34	77.04	42.92	29.46	29.09	85.81
上訴事件維持率 %		–	–	–	–	–	96.08	94.55
抗告事件維持率 %		–	–	–	–	85.71	90.09	94.55

說明： 通：通常訴訟程序
　　　 簡：簡易訴訟程序
　　　 計：兩者合計總數

(附表四) 新法期間各級行政法院裁判結果之分析

		最高行政法院 (2000 年 7 月 1 日開始實施二審制)				高等行政法院		
		1999	2000 第一審部分	2001 第一審部分	2002 第一審部分	2000	2001	2002
終結案件總數		5016	4661	2605	560	2327	38313	4260
駁回原告之訴	合計	4760	3814	2190.5	498	812	35328	2768
	不合法	779	870	334	39	505	32336	654
	無理由	3981	2944	1856.5	459	307	2992	2114
撤銷原處分、決定	合計	197	477	378	54	940	654	476
	全部撤銷	178	451	356	48	934	504	334
	部分撤銷	19	26	22	6	6	150	142
發交高等行政法院		–	–	0.5	4	–	–	–
撤回起訴		36	54	16	3	460	1674	357
移送管轄		–	–	–	–	72	87	36
和解		–	–	–	–	25	263	139
情況判決		–	–	–	–	0	0	0
其他		22	316	20	1	18	307	484

(附表五) 高等行政法院行政訴訟事件收結情形 (2001.07.01～2002.06.30)

訴訟程序	新收件數	終結件數	未結件數
總計	52934	46281	6653
第一審	51502	44900	6602
再審	118	96	22
聲請停止執行	351	337	14
保全程序	135	130	5
強制執行	689	682	7
其他事件	139	136	3

(附表六) 高等行政法院第一審各種訴訟事件終結情形 (2000.07.01～2002.06.30)

訴訟種類	勝訴	敗訴	勝敗互見	裁定駁回	撤回	移送管轄	和解	其他	總計
撤銷訴訟	784	4965	275	1602	924	160	399	416	9525
撤銷併為給付訴訟	8	121	12	20	6	1	1	7	176
課予義務訴訟	6	28	1	56	10	8	－	－	109
確認訴訟	3	25	3	43	13	9	1	1	98
給付訴訟	971	273	7	31755	1353	16	26	92	34493
其他	－	1	－	19	185	1	－	293	499
總計	1772	5413	298	33495	2491	195	427	809	44900

(附表七) 三所高等行政法院暫時性權利保護事件收結情形 (2000.07.01～2002.06.30)

事件別	受理件數	終結件數	終結情形				抗告件數	終結情形		
			准許	部分駁回	駁回	其他		駁回	廢棄	未結
保全事件	135	130	58	1	54	17	33	22	4	7
停止執行事件	351	337	14	1	241	81	107	79.5	9.5	18

(附表八) ㈠最高行政法院行政訴訟事件上訴終結情形 (2000.07.01～2002.06.30)

總計	撤回上訴	駁回上訴		廢棄原判		其他	駁回上訴占駁回上訴與廢棄原判百分比
		不合法	無理由	發回更審	自為判決		
404	8	82	256.5	10.5	9	38	94.55%

㈡最高行政法院訴訟事件抗告終結情形 (2000.07.01～2002.06.30)

總計	撤回抗告	駁回	廢棄		其他	駁回抗告占駁回抗告與廢棄百分比
			廢棄原裁定	發回更為裁定		
520	5	433	11	20	51	93.32%

附　錄

寫在本附錄之前

　　第六屆大法官九年任期屆滿，在離開大法官職務及司法界前夕，將九年來作成的不同意見書及協同意見書，加以整理，提出「論點提要」。重讀一回，有諸多感想，先在此抒說一下，期能使有興趣瀏覽本附錄的法學先進或朋友，更易了解個人此些謬見意義之所在。

　　一、大法官設於司法院中，行使國家司法權中釋憲及統一解釋法律之權（憲法第七十九條第二項、第七十八條）。個人深信，大法官在制度設計上祇有一定之功能。大法官是「人」而非無所不能的「神」，在分權與制衡的原理下，大法官審理解釋案，亦應遵循司法權行使之原則，不得踰越。在過去受理的諸多案件中，許多聲請人，尤其是人民聲請之釋憲案中，表示其權利或法益受損，或有任何冤屈不能伸張者，請求大法官給予特別救濟，甚或處罰承辦人員。惟大法官係經由解釋憲法或統一解釋法律或命令，行使職權，並不對個案作審理❶。然而，有時難免有聲請要件不符，但就個案言，從憲法基本權利之保障觀點，有作成解釋之價值，或於其聲請解釋之具體條文外，尚有相關條文更具解釋價值但未為聲請人所聲請解釋者。此時，本屆大法官有不顧受理要件或聲請人所為聲請解釋之範圍，作成解釋者。就大法官維護憲法、保障人權等實體上正義之實現，固令人欽佩，但對於實體正義與程序正義應受同等尊重之原則，難免有所距離。或因個人研究領域之關係，故出現此部分的意見較多。

　　二、本屆大法官任期中，適逢我國出現第一次政黨輪替，許多政黨間政治議題之紛擾，各政黨不求政治解決，或政黨難以達成協議，即將該爭議聲請大法官解釋，期由大法官為之解決。此類政治爭議並非法律爭議，原應不受理。但本屆大法官亦有苦心勉強從其聲請之意旨中，抽出有法律意義之事項，作成解釋，而令人批評者。例如核四應否停建案（釋字第五二〇號）、里長延任案（釋字第五五三號）等即為其例。

---

❶　在制度設計上，是否妥適係另一問題。

此外，對於現行大法官審理案件法（簡稱審理法）所定釋憲程序，有若干感想：

一、審理法第十四條第一項關於解釋憲法之可決人數，須有大法官現有總額三分之二出席及出席三分之二同意方得通過之規定。誠然，大法官釋憲而欲對法律宣告違憲，固須有較高的多數，蓋法律畢竟是代表民意之立法院所通過，自不宜僅由半數大法官之意見認其違憲而予以推翻。然而，因須有較高多數之同意始能通過之故，如大法官意見紛歧，而不能達較多數之同意，往往釋憲案即因而延滯不前，對於大法官釋憲效率造成影響。個人以為，立法院代表民意所通過之法律，似應先推定其為合憲，雖聲請人主張違憲而聲請解釋，然既不能由較多數之大法官認為違憲，即宜不予受理。如此始能使法律秩序安定下來。大法官也不必冗長討論，一再折衷而牽延不決，甚或使人不能確知解釋真意之所在。

二、再如第五條第一項第三款關於立法委員現有總額三分之一以上聲請釋憲之規定，最近幾年這類聲請案件甚多。其中發現在法律案三讀時贊成該法律案之委員，於法律案通過成為法律後，旋又與其他委員聯合向大法官聲請解釋該法律違憲，於此情形，應否將其列入計算三分之一人數內，不能令人無疑。

三、嘗聞聲請人對於大法官審查不受理之決議表示不滿，甚至有一再聲請之情事。就個人之觀察，多出於對大法官釋憲制度之不了解與期待過高所致。蓋在現行制度下，大法官並不作個案救濟，除法院之裁判所適用之法律或命令發生抵觸憲法之疑義，始可聲請釋憲外，至於對法院就事件所適用之法律意見或事實之認定不服，應依循審級制度或再審程序解決。但此為多數聲請人所不解，不受理之案件自難免占多數。尚非大法官拒絕正義。

以上幾點，係個人擔任大法官職務期間，感觸最深者，抒發出來或有助於一般人初步了解大法官釋憲制度於一二。又本附錄，僅有「論點提要」及個人提出之「不同意見書或協同意見書」而不及於解釋文及解釋理由，以減少篇幅，對讀者或將造成不便，謹在此致歉。

〔壹〕釋字第三七四號解釋不同意見書

〔論點提要〕

一、最高法院民刑庭會議決議之法律上意見，是否為實質上之法規範？而得作為大法官解釋其是否違憲疑義之對象？

二、聲請人與最高法院終局判決就適用法律見解上之歧異，是否亦屬違反憲法之疑義，而得作為聲請釋憲之標的？

〔不同意見書〕

一、按人民聲請解釋憲法，須其憲法上所保障之權利，遭受不法侵害，經依法定程序提起訴訟，對於確定終局裁判所適用之法律或命令，發生有牴觸憲法之疑義者，始得為之。司法院大法官審理案件法第五條第一項第二款定有明文。人民聲請解釋憲法案件，如不合上述要件，依同條第三項規定，應不受理。茲所謂「確定終局裁判所適用之法律或命令」係指確定終局裁判作為裁判依據之法律或命令，或相當於法律或命令者而言（參照本院釋字第一五四號解釋理由）。又法官須超出黨派以外，依據法律獨立審判，不受任何干涉，亦為憲法第八十條所明定。故法官於審理案件時，應秉其學識、經驗及良知，依據法律，認定事實，適用法律，其於適用法律時，更應本其確信之法律上見解，解釋法律而適用之，此為憲法保障法官依據法律獨立審判精神之所在。

二、最高法院為統一其民、刑事各庭於裁判上表示之不同見解，依民事庭、刑事庭會議或民、刑事庭總會就法律問題所為之決議，僅在供該院民、刑事庭法官辦案時之參考而已，並無規範法官審判具體個案時之效力。最高法院於民國七十八年十月出版之「最高法院民、刑事庭會議決議暨全文彙編」於凡例四中，即明示「本院決議原在統一本院民、刑事庭各庭之法律見解，

俾供各庭辦案參考，與本院判例係經陳報司法院核定，具有司法解釋性質者迥異，亦不具拘束力」。是各級法院法官是否採用最高法院民事庭、刑事庭會議或民、刑事庭總會決議之法律上意見而為裁判，依法官依據法律獨立審判之原則，本有其取捨之自由，縱令採其為判決之法律上意見，亦係為裁判之法官依其確信認該法律上意見為正當，於其裁判時作為其裁判之法律上意見而已。即令偶有法官於判決理由中，引述其為最高法院民事庭、刑事庭會議或民、刑事庭總會決議，仍僅在說明其確信之緣由，加強該判決理由之說服力，初非其因該會議決議有規範效力受其拘束，而據該決議為判決基礎之結果。最高法院民事庭、刑事庭會議或民、刑事庭總會決議之法律上見解，雖多為法官、學者或各種國家考試之應試者所參考採用，此或係因其決議由學經驗豐富之最高法院法官討論後所作成，為大眾信其較具權威性而予採取所致。但其與學者權威著作中之意見，常為法官辦案時所採用者本質上並無差異。多數大法官意見認其有實質上法規範意義，揆諸前開說明，不無將最高法院原明示其僅供辦案參考，無拘束力之法律上意見，率認其為具有相當於命令之效力，提高其為相當於命令位階之嫌，難予苟同。又本院釋字第二一六號等解釋，雖曾就行政函釋為審查，姑不論其受理是否妥適，尚非毫無疑義，且行政機關之上級函釋，有拘束下級機關之效力，此與最高法院民事庭、刑事庭會議或民、刑事庭總會之決議之法律上意見無拘束力者不同。至謂本院釋字第二三八號解釋對於最高法院二十九年二月二十二日民、刑事庭總會決議關於「訴訟程序違法不影響判決者，不得提起非常上訴」之見解已予解釋，而認最高法院民事庭、刑事庭會議或民、刑事庭總會決議是否牴觸憲法之疑義，非不得聲請釋憲云云。第查本院釋字第二三八號解釋，係緣監察院對於最高法院七十二年度臺非字第一三五號刑事判決依同院二十九年二月二十二日民、刑事庭總會決議駁回上訴之理由（見解）；與監察院之見解有異，而函請統一解釋。基於最高法院上開民、刑事庭總會決議之見解已被採為同院刑事判決上之見解，與監察院就適用同一法律所表示之見解不同，發生二機關適用同一法律所已表示之見解有異之要件，本院依當時大法官會議法第七條（相當現

行司法院大法官審理案件法第七條第一項第一款）規定予以解釋，固無不合，但本件係將最高法院民事庭、刑事庭會議或民、刑事庭總會決議視同法律或命令，而為其是否牴觸憲法聲請解釋，兩者要件不同，尚不得比附援引。

三、本件聲請人以最高法院七十五年四月二十二日第八次民事庭會議決議㈠有與憲法第十五條、第十六條及第二十三條規定相牴觸之疑義，聲請解釋憲法第十五條、第十六條及第二十三條規定相牴觸之疑義，聲請解釋等語。依其聲請意旨，本院應不受理，其理由如次：

㈠查聲請人據以聲請之最高法院民事庭會議決議，並非法律或命令或有實質法規範意義之法則有如上開二、所述，其聲請即不合大法官審理案件法第五條第一項第二款規定，依同條第三項規定，應不受理。

㈡次就最高法院七十五年四月二十二日第八次民事庭會議決議㈠之決議文：「甲與相鄰土地所有人乙於重新實施地籍測量時，均於地政機關通知之期限內到場指界，毫無爭議，地政機關依照規定，已依其共同指定之界址重新實施地籍測量。甲於測量結果公告後，主張其原指界之界址有誤，乃於公告期間內提出異議，經該管地政機關予以調處，甲不服調處結果，向法院訴請確定系爭二筆土地之界址。此例甲既非於到場指界時發生界址爭議，原無準用土地法第五十九條第二項規定之餘地。為貫徹土地法整理地籍之土地政策，免滋紛擾，自不許甲於事後又主張其原先指界有誤，訴請另定界址，應認其起訴顯無理由。（同丙說）」觀之，該決議並未認聲請人不得提起經界（土地界址）訴訟，而否定其憲法第十六條所保障之訴訟權，此由決議文係謂其「起訴為顯無理由（實體上審查之結果）」而非「不合法（程序上審查之結果）（原決議提案甲說之意見即採此，可資參照）」駁回原告之訴，可得明證。至決議文內，雖有「為貫徹土地法整理地籍之土地政策，免滋紛擾，自不許其事後又主張其原先之指界有誤，訴請另定界址」等語，該項決議縱有將重測時之指界，認即有確定境界之效力，當事人就該經指界時不爭之境界，在民事訴訟確定經界（界址）事件中，不得提出其他攻擊或防禦方法作相反之主張

以為爭執，而應逕依前述指界不爭之事實，即認原告之訴為顯無理由等意見，但此僅屬關於民事訴訟法第二百二十二條第一項規定及採證法則適用之意見，此項見解容或可以商榷，亦為確定判決可否再審問題，要與憲法第十五條（當事人若因此見解受不利判決僅屬採此見解之反射效果）、第十六條及第二十三條之規定無涉，不生有無牴觸上開憲法規定之疑義問題。

綜上所述，本件聲請人之聲請，係對非具有法律或命令或相當於法律或命令之實質規範性法則——最高法院民事庭會議決議，作為違憲審查之標的，已不符大法官審理案件法第五條第一項第二款之要件，況該最高法院民事庭會議決議所表示之上述法律上見解，尚不生違反憲法之疑義，至多僅屬聲請人與最高法院間就適用法律見解不同之疑義而已，既非確定判決所適用之法律或命令發生牴觸憲法之疑義，即不合司法院大法官審理案件法第五條第一項第二款之要件，依同條第三項規定，應不受理始為正當。本院多數大法官認應予受理，並就實體上解釋其為違憲，礙難同意，爰提出不同意見如上。

〔貳〕釋字第三七九號解釋不同意見書

〔論點提要〕

一、土地法第三十條（該條已於八十九年一月修正土地法時刪除）所定「其承受人以能自耕者為限」是否應限於持有「自耕能力證明書」者為限？

二、農地完成辦理所有權移轉登記後，嗣發現原承受人所持「自耕能力證明書」有瑕疵時，地政機關是否有權自行審查，逕行塗銷其所有權移轉登記。

〔不同意見書〕

關於農地辦竣所有權移轉登記後，地政機關可否以原聲請人持以登記之自耕能力證明書被撤銷為由，逕予塗銷其所有權移轉登記？本席與多數大法官通過之意見不同，認地政機關無權依職權逕為塗銷登記，茲說明其理由如下：

一、土地法第三十條第一項係規定：私有農地所有權之移轉，其承受人以能自耕者為限，並不得移轉為共有。其目的在於發展農業並扶植自耕農。故僅規定「其承受人以能自耕者為限」而非「以現耕農為限」。然依內政部所訂自耕能力證明書申請及核發注意事項（下簡稱注意事項）第五點，得以申請核發自耕能力證明書者，僅限於一定資格之現耕農，而非具有自耕能力之人，則合於該注意事項條件之現耕農固得謂有自耕能力，但有自耕能力者，絕非限於合於該注意事項所定條件之人。故關於私有農地之承受人，應不限於持有自耕能力證明書之人，若能提出能自耕之證據，殊不能以命令限制人民財產權之取得❷。從而，原聲請人持以申請農地移轉登記之自耕能力證明書，嗣被發現與注意事項規定不合而被撤銷自耕能力證明書時，

---

❷　土地登記規則第三十二條第三項對於同條第一項第五款之證明文件種類作統一訂定，如其訂定有不當限制人民提出其他之證明文件致妨害人民之權利時，則其訂定是否有效即屬疑問。

亦非得單以此一事實即認承受人無自耕能力，而逕行塗銷其所有權移轉登記。

二、基於農地買賣契約所為農地所有權移轉登記，關於農地所有權（民法物權）之移轉及物權之公示作用，固有賴於地政機關在土地登記簿上為登記之公法行為，但其登記仍以私法上之效果為基礎。地政機關受理所有權移轉登記之申請，雖應就其申請提出之證明文件為形式上之審查，如有未合規定者，亦得為駁回聲請之處分。然其有關私權之爭議（契約之效力），則應由司法機關作終局之判斷，以為登記之依據。此項私權之爭議之判斷非行政機關所得干預。其經地政機關受理並予登記者，因在完成登記之同時即已發生物權變動及公示之私法上效果，地政機關除法律有特別規定外，自不得再就私權關係之效力，另為認定，並以其為登記時有瑕疵為理由，依一般瑕疵行政處分效力之理論，認為得逕予撤銷或認為無效，否則將因此項公法行為影響私法秩序，徒增當事人間之紛擾。為顯示土地登記與一般行政處分效力不同，土地法第六十九條規定：「登記人員或利害關係人，於登記完畢後，發見登記錯誤或遺漏時，非以書面聲請該管上級機關查明核准，不得更正」。對於錯誤登記之更正，作嚴格之限制，且錯誤之更正，並以不妨礙原登記之同一性者為限。則地政機關不得任為撤銷（或塗銷）登記或認登記為無效，更不待言。土地法第三十條第二項係規定：「違反前項規定者，其所有權之移轉無效」。而非規定「地政機關得（或應）逕塗銷（或撤銷）其登記」，足見該項規定在於規範私法效果，亦難據此認地政機關有依職權逕為塗銷（或撤銷）所有權移轉登記之法源。所有權移轉登記效力若何，所有權移轉登記，有無無效而可請求塗銷之原因，事涉私權，自應由法院審理判斷，行政機關無權作此認定，並進而據以塗銷其所為之登記行為。解釋理由雖謂塗銷所有權移轉登記後，就土地之買賣是否因違反土地法第三十條之規定而無效，買賣雙方當事人如有爭執當然可訴由民事法院依法裁判云云，但如法院認契約為有效，而地政機關仍認無自耕能力，而拒絕登記時，則民事裁判殊無利益；若地政機關仍須受法院判決之拘束，則顯見地政機關無關於私權效果之認定權。

三、或謂若地政機關不能逕為塗銷所有權移轉登記，將有礙國家農地政策之推展等語。對此本席亦不敢苟同。因通常情形農地所有權之移轉如有不利於原所有人（例如因地目將變更，地價高漲）或承受人（例如因投機土地，結果地目不變更）之情形，衡諸實際，原所有人或承受人皆會向法院起訴主張買賣契約無效，請求塗銷所有權移轉登記或返還價金，自可回復土地原來之利用，不待地政機關職權之塗銷。今所以發生買賣當事人雙方皆不出面主張所有權移轉無效，多因行政機關對都市計畫或土地政策之推行上發生有使人炒作投機之空間所延伸，蓋在農地無預測可釋放變更地目之情形，無可炒作之目的，殊少有無自耕能力者前去購買農地炒作地皮者。在農地有預測可釋放變更地目之情形，原所有人獲得超值之高價自不會主張買賣無效，且因獲得超值高價，可能已放棄耕作，如行政機關不變更地目，地價回跌，則塗銷原已移轉之所有權登記，將令其退還價金，繼續耕作，恐非其所願，能否因而維持原生產力之農業政策，自不能不令人懷疑，況承買人如何取得自耕能力證明書，又非原所有人（即出賣人、另一造聲請人）所能審查，能否因自耕能力證明書之被撤銷，而影響出賣人之利益，亦值研究。又承受人因有變更地目之期待，亦不會主張買賣契約無效。於此情形，防止之道，實不難從其土地所有權移轉後，承受人有無真實從事耕作，以判斷其是否為農地之投機炒作。如發現農地移轉後並未從事耕作，則應檢討依憲法第一百四十三條規定，以法律規定照價收買或徵收廢耕或空地稅或其他措施以為遏阻。如此，對於有變更地目可能之土地，行政機關可據以照價收買，以利都市計畫之推行；如係無變更地目可能之土地，承受人若有耕作，本即不生無效問題，倘不耕作，經由廢耕或空地加稅之方法促其耕作或以照價收買方式，收買後再行放領與需要農地之自耕農，或以其他措施，促進土地之利用，防止耕地之炒作，而非一味塗銷。則憲法扶植自耕農之政策及農業政策之推展不但可得兼顧，亦可防止因地政機關逕為塗銷後，所生當事人間之紛擾。否則，炒作農地之人，仍可利用有自耕能力證明書之人，實際上獲得農地，而農地依然廢耕，達不到扶植自耕農及農業發展之目的。至多可謂或造就一批現耕農因地目變更而成為新

富而已。

四、綜上所陳，從理論面言，地政機關對於已完成所有權移轉登記之農地，無
權再作所有權移轉是否有效之審查，更無進而可依職權塗銷該所有權移轉
登記之法律依據。從實際面言，地政機關逕為塗銷所有權移轉登記，亦難
達成憲法扶植自耕農及發展農業政策之目的。果行政權真欲干預此項私權
之移轉，以達增進公共利益之目的，亦應從立法上研修改進，尤其塗銷私
權移轉之行為，本席以為更應以有法律規定始得為之。故不能同意多數大
法官所通過之意見。爰提出不同意見書。

〔參〕釋字第三九三號解釋協同意見書

〔論點提要〕

行政訴訟法第二十八條第七款（八十七年修正行政訴訟法第二百七十三條第一項第九款）所謂為判決基礎之證物，係偽造或變造者，須客觀上有足以證明其為偽造或變造之情事始足當之。故訴訟中當事人若已知該證物係出於偽造或變造時，即有協助法院發見真實而為主張之義務，倘已主張而為法院所不採，或知而竟不為主張，致法院據之以為對其不利之判決時，依誠信原則自不容當事人再片面主張該證物係偽造或變造，使其得據以依再審程序回復原來之訴訟程序。

〔協同意見書‧與戴東雄大法官共同提出〕

本解釋文認行政法院七十六年度判字第一四五一號判例尚不違憲，所持結論，本席完全同意，惟其所持理由，本席間有不同，須加闡述，爰提協同意見書如下：

憲法第十六條所謂人民有訴訟之權，乃人民司法上之受益權，指人民於其權利受侵害時，有提起訴訟之權利，法院亦有依法審判之義務而言。裁判一經確定，當事人即應遵守，不容輕易變動（參照本院釋字第一五四號解釋理由）。再審制度係對於確定判決之正當性有動搖之因素時，賦予當事人之特別救濟程序，自須特別審慎。故再審之事由，須以法律所定者為限，以維護裁判之安定性。行政訴訟法第二十八條第七款固規定為判決基礎之證物，係偽造或變造者，得為再審之事由，但此所謂偽造或變造，並非指再審原告祇須片面主張證物之偽造或變造，即符再審之要件，必再審原告於提起再審之訴時，該作為判決基礎之證物，在客觀上，有足以證明其為偽造或變造之情事者，始足當之。蓋為判決基礎之證物，係由當事人提出或法院所調取，經於訴訟程序中辯論後，而

由法院依辯論之結果予以採用，作為判決之基礎者。故於訴訟中，當事人若已知該證物係出於偽造或變造時，即有協助法院發見真實而為主張之義務。倘已主張而為法院所不採，或知而竟不為主張，致法院據之以為對其不利之判決時，依誠信原則自不容當事人再片面主張該證物係偽造或變造，使其得據以依再審程序回復原來之訴訟程序，不然裁判之安定性即無以維持；縱當事人係因不能主張或因不知證物係出於偽造或變造，致未能在前訴訟程序中主張，然證物既經法院採為判決基礎，基本上自係法院經調查及辯論結果認其為真實者，否則當無採為判決基礎之可能。是原則上，當事人亦無於判決確定後，就判決基礎之證物之真偽再事爭執，作為再審事由之餘地。故以為判決基礎之證物係偽造或變造為理由，提起再審之訴者，必須客觀上有足以動搖原判決心證可能之情事存在，始屬相當。從而如非該證物經發見係由可罰性行為所偽造或變造，而其可罰性行為經刑事宣告有罪之判決確定，或其刑事訴訟不能開始或續行非因證據不足；或於證物為證書，而該證書兩造曾經民事訴訟，而判決確認其為偽造（民事訴訟法第二百四十七條後段）確定等客觀上足認其有出於偽造或變造之情事，可能影響原來之心證，以致原確定判決之正當性有動搖之虞之情形，即難認已符該款再審之要件。（至前述刑事確定判決等所為真偽之認定，並不當然拘束再審法院於再審事件審判時，就該證物真偽之認定。）行政法院七十六年判字第一四五一號判例謂「所謂為判決基礎之證物係偽造或變造者，係指其偽造或變造構成刑事上之犯罪者而言，且此種偽造或變造之行為，應以宣告有罪之判決已確定，或其刑事訴訟不能開始或續行，非因證據不足者為限」云云，依上說明，僅在闡析行政訴訟法第二十八條第七款之要件，雖其未言及民事確定確認判決等情形，尚有待補充，究非限制人民之訴訟權，與憲法尚無牴觸。

〔肆〕釋字第四一一號解釋協同意見書

〔論點提要〕

一、人民工作權固受憲法第十五條之保障，惟人民之工作與公共福祉有密切關係，為增進公共利益之必要，對人民從事工作之方法及應具備之資格或其他要件，自得以法律為適當之規範。技師須具有專門技能與知識始能勝任，且其工作與公共安全及社會福祉關係至為密切，涉及公共利益，法律自得就各科技師應具備之資格及職業範圍作適當之規範。是以法律授權中央主管機關會同目的事業主管機關在此範圍內訂定各科執行範圍，與憲法第十五條及第二十三條規定意旨，尚無違背。

二、有關機關於六十七年基於建築法之修正，規定除五層以下非供公眾使用之建築物外，有關建築物之結構其設備與工業工程部分，應由專業工程科技師負責辦理，故於技師分科類別執行範圍說明中，結構工程科加註「在尚無適當數量之結構工程科技師開業之前（按考試院係於六十八年專門職業及技術人員考試時，始第一次增設結構工程技師考試），建築物結構暫由開業之土木技師或建築師負責辦理」。姑不論此項「加註」之適法性如何，依此時限性之暫時措施，得暫以執行之業務，於時限目的完成時，自不得據以繼續執業，是其後因時限目的達成取消「加註」，當不生既得權保障或信賴利益之侵害，尤不能謂其已具有「結構技師」之資格。

〔協同意見書〕

人民之工作權固受憲法第十五條之保障，人民雖得自由選擇工作及職業，以維持生活。惟人民之工作與公共福祉有密切關係，為增進公共利益之必要，對人民從事工作之方法及應具備之資格或其他要件，得以法律為適當之規範，業經本院釋字第四〇四號解釋闡釋甚明。技師係受委託辦理各該科別技師技術

事項之規劃、設計、監造、研究、分析、試驗、評價、鑑定、施工、製造、保養、檢驗、計劃管理及與各該科技師技術有關之事務（參照技師法第十二條第一項），自須有專門技能與知識始能勝任，且其工作與公共安全及社會福祉關係至為密切，涉及公共利益，乃公知事實，自得就各科技師應具備之資格及執業之範圍作適當之規範。其非個人得任以主張憲法工作權之保護為由，即得從事該工作，殊無待言。然各科技師從事之事務種類、項目繁多，法律之規定不能鉅細靡遺，是以法律授權中央主管機關會同目的事業主管機關在此範圍內訂定各科技師執業範圍，與憲法第十五條工作權保障之規定及第二十三條比例原則之意旨尚無違背。基於科學技術之日新月異，分工愈細，技師之科別與其執業範圍，自須隨時檢討調整訂定，以應時勢之需要。當修訂技師科別及其執業範圍公布後，在公布新科別及其執業範圍前，他科別技師原已取得新科別所定執業範圍者，其既得之執業權，固應予相當之尊重，但公告後始取得他科別技師資格者，自應受修訂後所定執業範圍之拘束，無待詳論。由於建築技術之日益進步，土地利用效率要求日高，高層建築日增，民國六十五年建築法第十三條第一項修正規定，除五層以下非供公眾使用之建築物外，有關建築物之結構其設備與專業工程部分，應由專業工程技師負責辦理。為落實上開規定，有關機關基於技師法第十二條第二項之授權，於六十七年九月十九日發布之「技師分科類別」及「技師分科類別執業範圍說明」，增設結構工程技師類科，有關建築物結構事項規定，應由結構工程技師為之。考試院並於六十八年專門職業及技術人員高等考試開始第一次增設結構工程技師類別，自此土木工程技師、建築師與結構工程技師類別不同、取得資格各別、執業範圍亦異。又有關機關為考量分業當時社會需求及結構工程技師人數之不足，於技師分科類別執業範圍說明中，結構工程科加註「在尚無適當數量之結構工程科技師開業之前，建築物結構暫由開業之土木技師或建築師負責辦理」。此項「加註」，姑不論其並無法律依據（參照經濟部工業局八十五年六月十八日工）八五（七字第〇一八二五三號函），其適法性如何有待商榷，矧該「加註」既已表明係在未有適量結構技師開業前之暫時性措施，則因此項時限之暫時性措施，得暫以執行之業務，於時限目的完成時，即不得再適用以繼續執業，乃理所當然。六十七年九月十九

日以後取得土木工程技師者，依該「加註」所定期間，雖得暫時執行建築結構事務，惟其所能取得之該項執行業務權，至多亦屬暫時性質；其所能信賴期待者，亦係在此暫時之時限內之執業權，要無據此暫時性之措施取得永久執業權之理。否則「暫由」等語之「加註」，將毫無意義。是其後因時限目的達成，取消「加註」，當不生既得權保障或信賴利益之侵害，更不能因而謂已具有結構技師之資格，或生使法律溯及既往問題，其理至明。迨至七十六年上半年，有關機關鑑於結構工程技師人數已達三百餘人（開業者已有百餘人），為貫徹專業工程應由專業技師負責之技師分科目標，以提升建築物工程品質，維持公共安全，認原時限措施目的已達，乃於七十六年十月三日將上開「加註」刪除，（參照經濟部八十五年二月二十六日經）八五（工字第八五○○五三二號函），僅在回歸原規定之各執業範圍，並非將刪除「加註」之事項溯及適用於既往，依前開說明，該項刪除「加註」，尚不發生既得權及信賴利益之侵害與違背法律不溯及既往原則之違憲情事。至六十七年九月十九日以後取得土木工程技師並在此期間具有三十六公尺以上高度建物結構設計經驗者，雖可認其有如此結構設計能力，但其既未取得結構工程技師資格，仍不能執行建築結構工程業務。蓋有無經驗能力，與有無執業資格係不同之概念，否則領有普通駕駛執照之人，豈非因有駕駛經驗能力，而當然得以執行職業駕駛職務？再六十七年九月十九日增設結構工程技師科別以前，原已由建築師及土木工程技師執業之建築結構設計部分，該業務當時既係其固有業務範圍，該建築師或土木工程技師自可信賴其有該項執業權，其既得權自應受相當之尊重，惟其執業與建築物工程品質及公共安全關係至鉅，自應兼顧公共利益，而建築結構之設計復與時精進，故須其就此設計業務具有相當經驗，其既得權之保護，始具有正當性可言。八十年四月十九日新修訂之各科技師執業範圍，土木工程科備註欄註明「於民國六十七年九月十八日以前取得土木技師資格並於七十六年十月二日以前具有三十六公尺以上高度建築物結構設計經驗者，不受上列建築物結構高度之限制」，係對於增設結構工程技師類科以前取得土木工程技師，而於其得執行建築物結構設計業務期間（包括至七十六年暫由土木技師負責辦理期間），復具有三十六公尺以上高度建築物結構設計經驗者，兼顧尊重其既得權之規定。至六十七年九月十九日至

七十六年十月三日期間取得土木工程技師資格者，係依上述「加註」，在七十六年十月三日以前，得暫時辦理建築物結構業務，然其僅為暫時性之措施有如前述，與上述六十七年九月十八日以前取得土木技師資格者之情形不同，有關機關作不同處理，依首開說明，尚無違憲可言。

　　本號解釋文及解釋理由，本人完全贊同，惟解釋理由書之說明，言簡意賅，容有意猶未盡之憾，爰提出協同意見書如上述，期能有所闡明補充。

〔伍〕釋字第四二三號解釋部分不同意見書

〔論點提要〕

一、行政機關所為舉發行為，與行政機關之行政處分有無不同？

二、衛生稽查單位對於交通工具違反空氣污染防制事件之告發通知，是否為行政處分，其與對告發事件所為裁決書（處分書）有無不同，其行政救濟手段有無不同？

〔部分不同意見書〕

本件關於「若行政機關以通知書名義製作，直接影響人民權利義務關係，且實際上已對外發生效力者，如以仍有後續處分行為，或載有不得提起訴願，而視其為非行政處分，自與憲法保障人民訴願及訴訟權利之意旨不符」部分，應否作成解釋，本席認有商榷之處，爰提出部分不同意見書如下：

一、由程序方面言，本件聲請人係以行政法院八十四年度判字第二○九五號判決及其所適用之同院四十八年判字第九六號判例暨所適用空氣污染物罰鍰標準第五條規定發生牴觸憲法疑義，聲請解釋。多數大法官意見，以臺北市政府環境保護局衛生稽查大隊所發交通工具違反空氣污染防制案件通知書（以下簡稱通知書），應屬行政處分。行政法院認其非行政處分，適用同院四十八年判字第九六號判例自有未合，而於解釋文指出「若行政機關以通知書名義製作，直接影響人民權利義務關係，且實際上已對外發生效力者，如以仍有後續處分行為，或載有不得提起訴願，而視其為非行政處分，自與憲法保障人民訴願及訴訟權利之意旨不符」云云，惟查行政法院對於行政機關所為行政行為是否屬於行政處分，並不以其用語、形式等為其判斷標準，觀同院二十六年判字第五四號、四十六年判字第六六號判例即明。行政機關之行政行為是否屬於行政處分，係行政法院認定事實問題，既不

涉及違反憲法及法律之疑義，又非聲請人聲請之事項，殊無作成解釋之必要。

二、次就本件涉及之通知書實體性質言：按行政訴訟之訴訟標的為中央或地方機關所為損害人民權利之行政處分，此觀行政訴訟法第一條規定自明。所謂行政處分係指中央或地方機關基於職權，就特定之具體事件所為發生公法上效果之單方行政行為（參照訴願法第二條第一項規定）。茲所稱中央或地方機關係指依法組織之國家機關，就一定行政事務有決定並對外表示國家意思之權限者而言。關於違反空氣污染防制法所定行為之處罰，依同法第四十八條規定：本法所定之處罰，除本法另有規定外，在中央由行政院環境保護署為之；在省由環境保護處為之；在直轄市由環境保護局為之；在縣（市）由縣（市）政府為之。又依同法施行細則第三十一條規定，各級主管機關得視交通工具排放空氣污染物管制工作之實際需要，組成聯合稽查小組，施行檢查及舉發。足見衛生稽查大隊係為交通工具排放空氣污染物管制工作之需要，設立之主管機關內部稽查單位，其職務乃在檢查及舉發，並未授與處罰之權。再觀本件據以聲請解釋且為多數大法官認定為行政處分書之「通知書」，係由稽查大隊所製發，並註明其為「舉發」單位。復於注意事項欄中註明⑴本通知書不得作為訴願之依據；⑵請於接到副本通知書後迅即改善，依上開應到時間處所，帶本通知書接受處理並接受舉發，逾期不到案者，逕行裁決，並送法院強制執行，另機動車輛送公路監理機關停止辦理車輛異動；⑶請參閱背面繳款說明。另載明舉發違規車輛種類、違規時間、違規地點及違反事實等項。可知該通知書對於被通知人僅生到案接受處理及舉發之效果。如其到案接受處理，而被認有正當理由者，自可不必舉發而受處罰，如認無正當理由，自仍應被舉發而受處罰之裁決，其不到案者，則逕予舉發裁決處罰。觀「汽車排放空氣污染物稽查作業要點八動態檢查之交通工具違反空氣污染防制法案件通知單、處分書之送達地點方式及應注意事項㈣使用人或所有人如期到案者，當場裁決開具處分書，逾期不到案逕行裁決者，其處分書以雙掛號郵件寄使用人或所有人」至為顯然。處分書（裁決）並以主管機關首長（臺北市係由臺北市

環境保護局局長）名義為之❸，其內容除記載違反事實外，復載明所違反
法條及處分條文，暨處分內容（即處罰鍰若干元、吊扣牌照或其他處分。
本件聲請案則載明罰鍰新臺幣一千五百元）。足見通知書與處分書（裁決）
有別，前者既非行政機關所為，且無處分之具體內容，並未生公法上法律
效果者，自難認係行政處分，即無對之提起訴願之餘地。多數大法官復以
該通知單背面印有排放空氣污染物排放標準，其罰鍰標準如下表：機車十
日內到案接受裁決處罰者新臺幣一千五百元，逾十日到案接受裁決處罰者
二千元，逾三十日到案接受裁決處罰者六千元，並載有多多利用郵政劃撥
帳戶，而認通知書之送達，已發生處分之效果，即依到案接受處罰日數之
不同，而受不同之處罰效果云云。姑不論主管機關會同交通部依同法第四
十三條第三項所訂罰鍰標準，依不同之到案日數，訂定不同之處罰標準是
否有違母法（本解釋文第二段已宣告其違憲），且係宣示依不同到案受罰日
數，作不同處罰之下限標準，並非因該通知書之送達所生之法效果，僅係
主管機關裁罰之標準，尚須主管機關依此標準裁罰後，始發生受罰之效果。
上開通知書背面記載該處罰標準，雖據主管機關人員稱係裁罰之唯一標準，
然此至多僅得解為係促使被通知人早日到案接受處理之警示性通知而已，
亦難據此認通知書即為行政處分。矧依環保署八十六年一月二十九日提出
之說明「三」及其後提出之說明資料「參答」，所謂到案接受裁罰，包括被
通知人親自或委託他人到案，或以劃撥款項到案或郵寄支票到案等情形，
且到案後，須先開具處分書，再繳（解）款開具收據，並不以先繳罰鍰為
必要。足見其係依處分書而繳款，益難認通知書係行政處分書之性質。至
本件聲請人謂不繳款不付予處分書云云，不論是否真實，縱令屬實，亦屬
執法者之執行有無違法偏差問題，要與通知書之性質無關。又通知書性質
上非行政處分已如上述，則通知書記載「本通知書不得作為訴願之依據」，
乃屬當然，其所以記載，或在告知被通知人應依規定到案陳述，得逕行請
求付予處分書，尚未達依行政爭訟程序救濟階段而已，並非禁止被通知人
行使行政救濟之權利，被通知人於收受處分書後，非不得於法定不變期間

❸　參看聲請書所附處分者。

內提起訴願。若謂通知書係行政處分而得對之提起行政訴訟，則其後所為裁決處分之性質如何？必成問題，係一事二罰（通知書一罰、裁決書又一罰）？抑通知書為行政處分，而裁決處分係事實通知性質？至謂通知書背面已載有裁罰標準，又註明利用劃撥帳戶繳納罰鍰，顯已發生裁罰效果云云，查其規定僅在方便違規人民自願預依下限標準繳納罰款，人民劃撥繳款後，主管機關承辦人（非稽查人員）尚須依該標準開具處分書、收據，送違規者收受並取據後，始將所繳之款交由會計單位轉帳入庫結案。由其過程亦可知發生處罰之效果者，端在裁罰之處分書，被通知人是否依通知以繳款受罰，到案接受舉發，仍任其自由。尤難以受通知人無異議而受處罰時，遽謂其為行政處分，使通知書因受通知人之自動繳款受罰與否，而異其性質，是本案通知書並非行政處分實毋庸疑，則本院對與據以聲請案件無關之事項，作成解釋，難謂適當。

〔陸〕釋字第四三〇號解釋不同意見書

〔論點提要〕

一、審判權與釋憲權之分際。

二、判例是否得作為釋憲之標的？

三、軍人服役期滿，申請留營繼續服役，為主管機關否准之行為，是否行政處分，可否對之提起行政訴訟？

〔不同意見書〕

　　本件聲請人以伊原係軍人，於退伍前申請續服現役兩年，為軍管區司令部違法濫權不予核准，聲請人依法訴願、再訴願未獲變更，遂提起行政訴訟，亦遭行政法院以八十四年度裁字第三一〇號裁定駁回，均以本件係基於特別權力關係所生之事項，依同院四十八年判字第十一號判例，不得提起行政訴訟為其依據，聲請其所適用之判例，侵害人民憲法上所保障之訴願及訴訟權利，而生牴觸憲法之疑義等語，經多數意見決定予以受理，本席認為不應受理，爰提出不同意見書，敍述其理由如左：

一、程序審查優先於實體之違憲審查：按大法官解釋憲法係司法權之行使，本於司法權行使被動之原則，司法院大法官審理案件法（以下稱審理案件法）第五條亦規定解釋憲法須依聲請為之。人民聲請釋憲依審理案件法第五條第一項第二款規定須其憲法上所保障之權利，遭受不法侵害，經依法定程序提起訴訟，對於確定終局裁判所適用之法律或命令發生有牴觸憲法之疑義者，始得為之。至裁判法院於適用法律時，闡釋法律所表示之法律見解，是否違法？適用法律或判例是否正當？縱有爭議，僅屬該裁判得否依再審程序救濟而已。司法院大法官並非訴訟事件終審法院之上級法院，對於法院上述違法確定裁判自不得依釋憲程序請求救濟問題，本席深信此乃審判

權與釋憲權分際之所在。又訴訟事件或釋憲事件之審理，須先其起訴或聲請在程序上合法始進而為實體之審理，若程序不合，無論其實體法律關係之主張有無理由，或有法律上之重要意義，亦無從進而為實體之審查。

二、判例是否得作為違憲審查之標的：按判例係最高法院、行政法院對於具體訴訟事件，適用法律時，闡釋法律所表示之法律上之見解，認有編列為判例之必要，依一定之程序，編輯公布者（參照法院組織法第五十七條），尚非法律本身，對於下級法院亦無有法律上之拘束力。若判例違法或已不合時宜而需變更，亦應由該終審法院依一定程序自行變更判例，以維終審法院裁判之權威。又判例法律見解之產生係以一定之事實與其所適用之法律為前提，且判例體系形成之法律意見，恆須於前後判例之累積始能認識其規範性之全貌，適用判例之法律見解，使得於不踰判例形成之前提事實相似情形之範圍內為之，不得置其前提事實於不顧，此乃一般判例適用之原則。故判例與審理案件法第五條第一項第二款所定確定終局裁判所適用之「法律」或「命令」有間，是否符合該條款規定要件而得作為違憲審查之標的，即非全無疑義。

三、本解釋並非全然否認行政法上特別權力關係之存在，或認基於特別權力關係所生之事項，皆得提起行政爭訟：本院大法官歷來以判例對於各級法院之審判，有規範上之效力，將其作為違憲審查之對象，姑不論尚非全無疑問有如上述，矧行政法院四十八年判字第十一號判例（簡稱本件判例）係謂：「提起訴願，限於人民因官署之處分違法或不當，而損害其權利或利益者，方得為之。至若基於特別權力關係所生之事項，或因私法關係發生爭執，則依法自不得提起訴願。原告原任被告官署（澎湖縣馬公鎮公所）幹事，係屬編制外人員，縱令仍可視為縣自治團體之公吏，其與被告官署間亦屬處於特別權力關係，如因補發薪津事項對被告官署處置有所不服，僅得向該管監督機關請求救濟，要不得援引訴願法提起訴願。至原告原服務被告官署之事業課撤銷，經改以水廠技工僱用後，則純屬私經濟關係之僱傭關係，原告對停職期間薪津如有爭執，自屬就私法關係有所爭執，顯亦不得提起訴願」，可知本件判例所謂「至若基於特別權力關係所生事項或因

私法關係發生爭執，則依法自不得提起訴願」一語，其適用之前提事實為對於服務自治機關幹事（屬編制外人員），因補發薪津事項所生之爭議，即認該事項雖屬特別權力關係所生之事項，非不得提起行政訴訟，而無本件判例所示法律意見之適用。同院八十一年重編判例時對現存判例重新檢討，詳加釐定後，於選列本件判例時，即加「註」其適用時，應注意釋字第一八七號、第二〇一號、第二四三號、第二六六號解釋，促使注意本件判例所示法律意見有其範圍，並非對於一切基於特別權力關係所生事項，有其適用。同院八十五年四月十七日庭長評事聯席會議決議謂：「查因公務員身分受行政處分是否得提起行政爭訟，應視處分之內容而定。凡對公務員有重大影響之不利益處分，如公務員身分關係之發生、變更、消滅等，受處分之公務員，如認原處分違法不當者，自可循行政救濟程序請求救濟，司法院釋字第二四三號、第二六六號、第二八九號解釋意旨足資參照。具有軍人身分者，申請志願退伍或繼續服役，為主管機關所否准，依前開說明及司法院解釋之同一法理，自係影響其軍人身分關係是否消滅之重大不利益處分，應得循行政爭訟程序，請求救濟」，更對本件判例所謂「至若基於特別權力關係所生之事項，依法不得提起訴願」之法律上見解所得適用之範圍，作一較為明確之宣示（按該決議亦係緣於本聲請事件之裁判而起），並明示具有軍人身分者，申請志願退伍或繼續服役，為主管機關否准之爭議，不生該判例適用範圍。查本解釋文係謂「軍人為廣義之公務員，與國家間具有公法上之職務關係，現役軍官依有關規定聲請繼續服役未受允准，並核定其退伍，如對之有所爭執，既係影響軍人身分之存續，損及憲法所保障服公職之權利，自得循訴願及行政訴訟程序尋求救濟，行政法院四十八年判字第十一號判例與上開意旨不符部分，應不予援用」，既肯定本判例部分之見解，而非全然否認行政法上特別權力關係之存在，或認基於特別權力關係所生之事項皆得提起行政爭訟，則本件判例在肯定範圍內，自仍有其存在之價值，惟現役軍人因申請志願退役或繼續服役為機關所否准之爭議，既非該判例適用範圍內之事項，有如上述，殊難以本件判例有效存在，即予受理，而將原不在判例規範範圍內之事項，宣示該判例對該事項

部分違憲「應不予援用」。是本件解釋，顯非必要。至本件據以聲請解釋之裁判，適用本件判例是否正當，係該裁判有無違法、可否再審問題，要非本解釋應予斟酌之範圍。

四、審理案件法第五條第一項第二款所定「憲法上所保障之權利遭受不法侵害」既屬人民聲請釋憲之要件，本院決定受理前，自非不得為形式上審查。查審理案件法第五條第一項第二款規定：「人民、法人或政黨於其憲法上所保障之權利，遭受不法侵害，經依法定程序提起訴訟，對於確定終局裁判所適用之法律或命令發生有牴觸憲法之疑義者」，是人民聲請釋憲時，自應表明其具體憲法上所保障之權利，遭受如何不法侵害。本院決定受理前亦應就其聲請書所表示受害之具體權利為形式上之審查，不能單以聲請人泛指其憲法上所保障之權利受侵害為由，即其合於釋憲之聲請要件，否則豈非人民對於法院以訴不合法而予駁回或不受理之裁判，或如民事給付之訴訟事件受不利益判決之當事人，均得單以其因主張該裁判侵害其憲法所保障之訴訟權或財產權而得聲請釋憲，並應予受理？本件聲請人謂其原係軍人，於退伍前申請繼續服現役二年，遭軍管區司令部違法濫權不予准許，命令其退伍，使其喪失軍人身分，經提起行政爭訟，卻以「基於特別權力關係所生之事項」而不予以救濟等語，聲請書中雖泛指有形同生命權及訴訟權之受侵害云云，惟就其主張之事實形式上為審查，聲請人原係少校常備軍官，原役期應於民國八十二年一月二十一日屆滿（參照聲請書所附行政法院八十四年度裁字第三一○號裁定），可知聲請人係自願服役軍人，其與國家間就服役之關係，依一般學者通說均認係屬公法上之契約關係❹（聲請人於聲請書亦謂其服役關係屬公法上契約行為），於服役期間屆滿時，公法上契約即歸消滅，而應退伍（參照陸海空軍軍官服役條例第十三條第一款）。

---

❹ 參照林紀東先生著《行政法》（八十三年版，三民書局）第三五六頁、涂懷瑩先生著《行政法原理》（七十九年版，五南書局）第六一二頁、張家洋先生著《行政法》（八十二年版，三民書局）第六四三頁、林錫堯先生著《行政法要義》（八十三年版，法務通訊雜誌社）第二五三頁。最高法院六十一年臺上字第一六七二號判例。惟吳庚先生著《行政法之理論與實用》（八十五年版）第三四一頁則認係單獨行政處分。

聲請人雖依規定於役期屆滿前，申請志願繼續服現役二年（要約），依規定尚須經核定（承諾）。本件聲請人之申請，既經權責機關否准，則繼續服役之公法上契約，自未成立，而權責機關否准之表示，性質上又係對於公法上契約之要約為拒絕之意思表示，自非行政處分可比。則依聲請人之主張，聲請人於原役期屆滿時即應退伍，此與公務員屆退休年齡尚須經服務機關為命令退休之行政處分之情形有間（參照公務員服務法第五條），聲請人對於原役期之屆滿，亦未有爭議，而權責機關否准其志願繼續服役之申請（要約），又僅發生拒絕要約使要約失其拘束力之效力（類推適用民法第一百五十五條），並未使聲請人之身分發生若何之變更，且聲請人係因役期屆滿退伍，亦非因有權責機關否准繼續服役之申請，命辦理退伍之法律效果，則不論聲請人主張之實際權利關係如何，依其主張既無提起行政訴訟之前提行政處分存在，殊難認有所謂生命權或訴訟權受侵害可言，與聲請釋憲之要件，亦屬不合。

綜上理由，本件聲請既不合聲請釋憲之要件（聲請人亦無依本解釋而得保障之權利），多數意見決議受理並做成本解釋，費時討論，且延誤他聲請事件之審理，釋憲案件之受理解釋，能不慎乎！爰提出不同意見如上。

〔柒〕釋字第四三四號解釋部分不同意見書

〔論點提要〕

一、大法官解釋憲法應否受聲請請求解釋範圍之限制。

二、請領養老給付與請求返還養老給付準備，意義上有無不同。

〔部分不同意見書〕

　　本號解釋，關於不得請求退還保險費部分本席並無異議，惟關於離職時得請領養老給付部分則難贊同，爰述其理由如下：

一、本件原聲請人聲請意旨，僅在聲請可否領回已繳之保險費而未及於養老給付，本號解釋，似已逾請求解釋範圍，是否適宜，不無疑問。

二、請領養老給付與請求返還養老給付準備意義不同：公務人員保險應提供如何之保險給付？係屬立法裁量原不生違憲問題，依現行公務人員保險法第三條規定，公務人員保險分為生育、疾病、傷害、殘廢、養老、死亡及眷屬喪葬七項。其中關於生育、疾病、傷害、及眷屬疾病保險部分，於全民健康保險實施後，停止適用（參照同法第二十三條之一）。而其保險期間自承保之日起至離職之日止（同法第六條參照）。其中關於養老之保險事故，依同法第十六條規定為公務人員之依法退休。是立法者於公務人員保險所提供之養老保險僅有退休之養老保險一種，對於退休以外之其他離職人員應否創設保險給付，依前說明，係立法裁量問題，非養老給付之規定違憲問題。次查公務人員保險法所定保險給付中，關於養老、死亡兩項保險部分，類似終身保障型之定額給付保險，兼有銀行零存整付性質之意味。故被保險人所繳付之保險費中，關於養老給付部分，依財政部核定提存準備辦法規定，應提撥一定比率（四十九年二月為百分之十四點九、五十一年一月為百分之十、五十七年一月回復為百分之十四點九，參照財政部金融

局八十六年七月十九日臺融局㈡第八六二一九四九五號函）為養老給付準備。此項準備之本利，類似全體被保險人存款之累積，非承保機關所有之財產。從而被保險人繳足一定年限之保險費後離職而終止保險關係時，對於此項養老保險部分之保險費中所提撥之養老給付準備，自有請求返還之權（保險法第一百十七條第三項規定，亦屬同一法理）。公務人員保險法對於其他離職人員之領回自繳保險費中所提撥之養老給付準備，未加規定，使離職公務人員無法請求返還，與憲法第十五條保障人民財產權之意旨不符，固值得立法者檢討修正，然多數意見將養老給付準備之退還，作為養老給付之一種，不無創造原公務人員保險法所未定保險事故之嫌，則為本席所不敢苟同，爰提出部分不同意見如上。

〔捌〕釋字第四三六號解釋協同意見書

〔論點提要〕

一、憲法第九條規定，並非賦予軍事審判機關對於現役軍人有專屬的審判權。

二、軍事審判法第十一條規定國防部為最高審判機關，有否違背憲法所定分權原理？

三、大法官解釋是否適宜於作修正法律原則之宣示？

〔協同意見書〕

　　本號解釋之解釋原則與解釋文，本席固表贊成，惟構成本件解釋之理由，則有若干差異，認有補充說明之必要，茲摘述其要點如次：

一、憲法第八條、第九條、第十六條係規定於第二章「人民之權利義務」，可知基本上該三條係關於人民權利義務之規定。第八條係保障人民之身體自由，非由法院依法定程序，不得對人民加以審問處罰。現役軍人雖穿有軍服，亦為人民，自應受該規定之保障，殊無待言。而第九條係規定人民有不受軍事審判之權利，蓋立憲之時，軍事審判制度早已存在，且隸屬軍事機關，然其裁判品質，一般人民對之尚有疑慮，故特設明文保障人民不受軍事審判，但此並非賦予軍事審判機關對於現役軍人有專屬的管轄權，此由刑事訴訟法第一條第二項及國家安全法第八條之規定，可得佐證。而第十六條關於人民訴訟權之規定，則在保障人民之司法受益權，使其有要求僅受國家司法機關審判之權利。

二、憲法第七十七條規定，司法院為國家最高司法機關，掌理民事、刑事、行政訴訟之審判及公務員之懲戒。旨在宣示將國家權力分為五權，其中司法權係由司法院專屬行使。司法院下設各級法院、行政法院、公務員懲戒委員會行使司法院上開憲法所定審判權及懲戒權（參照司法院組織法第七

條)。現役軍人應受軍事審判，固有維護軍紀及貫徹統帥權行使之目的，惟軍事審判機關所行使審判權，本質上仍屬確定國家刑罰權之刑事審判。回顧自立憲至今，軍事審判機關無論事實上或法律上，均隸屬軍事機關國防部，而國防部隸屬行政院，為無可否認之事實，是憲法第九條所定之軍事審判機關，於立憲當時當即非指由司法院之下所組成之軍事審判機關，應無可疑。則軍事審判法第十一條規定，國防部為最高軍事審判機關，依上說明，顯然違背憲法所定分權原理。

三、至謂「軍事審判」之內容如何？如何實施？憲法對此均未設規定，雖可由立法裁量解決之，惟立法時，仍須遵循憲法原理，自不待言。本席以為，軍事審判係基於軍紀之維護與貫徹統帥權行使之目的，而限制人民（現役軍人）之身體自由及人民受司法審判之受益權；故於相關法律修法限制現役軍人憲法上之權利時，自須遵循憲法第二十三條比例原則之規定，故除國家遇有立即而顯然危險之戰爭時期，基於國家之利益應高於一般人民個人之利益，可容認對於人民司法權保障之限制（但關於死刑及無期徒刑之裁判，基於人權之特別保障，仍應依職權送司法審查。在一般刑事訴訟，此類案件亦規定不待被告之上訴，逕送上級法院審判，參照刑事訴訟法第三百四十四條第四項）外，在平時，則應在人身自由、司法受益權之保障、軍紀維護與統帥權行使之貫徹、司法資源之分配、國家權力分立之原理等各方面，求其平衡。同時，軍事審判之本質，既為特種刑事審判之一種，則其發動與運作，必須符合正當法律程序之最低要求，憲法有關審判獨立，用以保證裁判公正之相關規定，審檢制度之分立等原則，亦應在軍事審判法中貫徹之，期能使軍法裁判之品質，為一般國人所信賴，而無所顧慮。有鑑於此，本號解釋除宣告軍事審判法第一百三十三條第一項及第一百五十八條之規定為違憲外，對於現役軍人在平時受有期徒刑以上刑之宣告得許其向普通法院以軍事判決違背法令為理由，請求救濟，即係考量目前軍事審判之實務，一般人民對於軍事審判之信賴，對於軍紀維護與統帥權行使之影響，及對於司法資源之分配，如普通法院工作負荷量之衝擊等，依憲法第二十三條規定所為評量而提出之指標。此項宣示雖難免有逾憲法解

釋權之嫌，但有強烈表示現階段對於現役軍人人權應如何保障之期待，及其合憲性最低要求之表達，故本席對此解釋，在現時尚可表示贊同；惟須特別指出者，由於本解釋之提出，軍事審判法自應作對應之配合全盤修正，諸如考慮審級制度是否仍應維持現行之覆判制度？為配合現役軍人對於平時之軍事裁判，得有請求普通法院為法律上救濟之受益權，軍事審判程序應否有平時與戰時之分？如何使司法、軍法之審判，能夠配合運作等等。再如如何維持軍事審判權之獨立行使，提高裁判品質所涉及之相關制度，例如軍法官之考選培訓，軍官參審之制度化、客觀化等之建立等；以及相關法律例如國家安全法、刑事訴訟法等之配合修正，都關係本次釋憲後，軍事審判制度之重建與良窳，務必使其修正盡善盡美。又本席在此另須特別表明者，本號解釋中，關於現役軍人對於「受有期徒刑以上刑之宣告」之請求普通法院審判權之宣示，應非絕對劃分司法、軍法終審審判之唯一標準。隨軍事審判制度之改變與進步，將來若軍事審判之品質，實質上已達普通法院之水準而為一般國人所信賴時，並非不可改變其區分標準，諸如考慮將軍事審判之最終上訴規定為可由軍事被告選擇上訴於終審軍事審判機關或上訴於相當終審之普通法院，但選擇上訴最終軍事審判機關者，除死刑或無期徒刑者外（理由如前），即不得再請求普通法院審判，如此，一方面保障人民之司法受益權，一方面允許其放棄司法受益權；或如基於避免被告之濫訴，浪費司法資源，亦可考慮限制向普通法院請求救濟之範圍等，均可由立法機關依上述原則，適時作合憲的改變。

基上說明，本號解釋理由之說明，實感過於簡略，爰提出協同意見如上，期待對軍事審判制度重建之理解，稍有助益，則幸甚！

〔玖〕釋字第四三七號解釋部分不同意見書

〔論點提要〕

一、侵害繼承權之事實於繼承開始後有無發生之可能？侵害繼承權之事實如何判斷？

二、大法官詮釋判例，是否受有一定之限制？

〔部分不同意見書·與孫森焱·楊慧英·施文森·林永謀大法官共同提出〕

　　本件多數大法官通過之解釋文謂「凡無繼承權而於繼承開始時或繼承開始後僭稱為真正繼承人或真正繼承人否認其他共同繼承人之繼承權，並排除其占有、管理或處分者，均屬繼承權之侵害」，其中關於繼承開始後亦可能發生侵害繼承權之事實，以及對於侵害繼承權事實之論斷，均有不當；又本件解釋對於最高法院五十三年臺上字第五九二號判例雖認與憲法之規定尚無牴觸，惟其論據曲解判例之文義，與正常之瞭解偏離，難以信服，爰說明理由如左：

一、繼承權之侵害與遺產之侵害

　　繼承因被繼承人死亡而開始，繼承人自繼承開始時，除民法另有規定及專屬於被繼承人本身之權利義務外，承受被繼承人財產上之一切權利義務，無待繼承人為繼承之意思表示。此觀民法第一千一百四十七條及第一千一百四十八條規定自明。參照日本民法第九百十五條第一項前段及第九百二十一條第二款規定，繼承人自知悉繼承為自己而開始時起三個月內，應為單純或限定之承認，或拋棄其繼承權。如於上開期間內未為限定承認或拋棄繼承權者，視為單純承認。顯見其立法例與我國不同。解釋繼承人如何承受被繼承人之財產上權利義務，自應專依我國民法之規定為之。又依民法第七百五十九條規定，因繼承，於登記前取得不動產物權者，非經登記

不得處分其物權。可知繼承之遺產中，有不動產未經辦理繼承登記者，僅不得處分而已，至於其他應具之權能，均未欠缺。民法第七百六十七條規定之物上請求權，繼承人亦得從容行使。故所謂繼承權之侵害須自命有繼承權之人，於繼承開始時，即已獨自行使遺產上之權利，而置其他合法繼承人於不顧者，始足當之。繼承人之一人或數人明知尚有其他合法之繼承人，自始即置之不顧，獨自行使遺產上之權利，固屬之；即原來並不知有其他繼承人，嗣後始知悉其事實而仍繼續侵害該繼承權者亦屬之。於繼承開始時，即已僭稱自己為唯一繼承人而獨自行使遺產上之權利，隨後辦理繼承登記為自己所有者亦同。若於繼承開始後，對於其他共同繼承人之繼承資格初未否認，其行使遺產上之權利亦為全體繼承人之利益而為之，迨經過若干期間始獨自行使遺產上之權利而以不正當方法否認該繼承人有此資格，例如偽造繼承系統表，僭稱自己為唯一繼承人而辦理繼承登記，或將特定之遺產據為己有，並排除其他共同繼承人之管理，則其侵害者為該繼承人已取得之權利而非侵害其繼承權。

二、判例意旨之詮釋

最高法院五十三年臺上字第五九二號判例謂：「財產權因繼承而取得者，係基於法律之規定，繼承一經開始，被繼承人財產上一切權利義務，即為繼承人所承受，而毋須為繼承之意思表示，故自命為繼承人而行使遺產上權利之人，必須於繼承開始時，即已有此事實之存在，方得謂之繼承權被侵害。若於繼承開始後，始發生此事實，則其侵害者，為繼承人已取得之權利，而非侵害繼承權，自無民法第一千一百四十六條之適用」，旨在說明「自命為繼承人而行使遺產上權利之人」須於繼承開始時即已存在，被害人或其法定代理人始得適用民法第一千一百四十六條第一項規定，請求回復繼承權，若於繼承開始後，始發生此事實，則其侵害者為繼承人已取得之權利，而非侵害繼承權，其意甚明。本件多數意見通過之解釋文謂：判例意旨所述僅為繼承權被侵害態樣之一，若於被繼承人死亡時，其繼承人間對於彼此為繼承人之身分並無爭議，迨事後始發生侵害遺產之事實，則其侵害者，為繼承人已取得之權利，而非侵害繼承權云云。此項詮釋，與判例

意旨完全相左，理由如左：

(一)判例意旨明明謂：「自命為繼承人而行使遺產上權利之人，必須於繼承開始時，即已有此事實之存在，方得謂之繼承權被侵害，若於繼承開始後，始發生此事實，則其侵害者，為繼承人已取得之權利，而非侵害繼承權。」先後所述「事實」，均係指「自命為繼承人而行使遺產上權利之人」，非謂前者之事實，係指侵害他人繼承權之事實，後者之事實則僅指繼承人間對於彼此為繼承人之身分並無爭議之情形而言。倘若繼承人間對於彼此為繼承人之身分，互無爭執，則繼承人中之一人或數人侵害他人應得之遺產，其被害客體為「遺產」，與繼承權之侵害無涉，實已明若觀火，又何庸以判例特別詮釋，方能瞭解個中三昧？

(二)依本判例所由來之判決原文所載，第二審係認定「被上訴人主觀上已自命為唯一繼承人，客觀上亦有行使系爭遺產上一切權利，即難謂非侵害邱仁添之繼承權」云云，對此，第三審判決乃認「自命為繼承人而行使遺產上權利之人必須於繼承開始時，即已有此事實之存在，方得謂之繼承權被侵害，若於繼承開始後，始發生此事實，則其所侵害者為繼承人已取得之權利，而非侵害繼承權。」其中心意旨乃謂「自命為繼承人而行使遺產上權利」若發生在繼承開始時，是為侵害他人之繼承權；若發生在繼承開始後，則為侵害繼承人已取得之權利。對於後者並未增加「繼承人間對於彼此為繼承人之身分並無爭執」之事實為要件。本件解釋意旨增加判例所無之要件，實屬畫蛇添足，殊難令人信服。

(三)判例意旨辨別「自命為繼承人而行使遺產上權利之人」究係侵害他人之繼承權，抑或侵害他人已取得之權利，乃以此事實係發生在繼承開始時或繼承開始後為斷，其主要理由為「財產權因繼承而取得者，係基於法律之規定，繼承一經開始，被繼承人財產上之一切權利義務即為繼承人所承受而毋須為繼承之意思表示」為論據，故謂繼承開始後始有「自命為繼承人而行使遺產上權利之人」，即係侵害合法繼承人已取得之權利云云，意義明確，實無另作他解之餘地。

依上理由，可見本件解釋文謂最高法院五十三年臺上字第五九二號判例之

本旨係認於被繼承人死亡時，其繼承人間對於彼此為繼承人之身分並無爭執，迨事後始發生侵害遺產之事實，其侵害者，始為繼承人已取得之權利，而非侵害繼承權云云，顯係曲解判例意旨，無視判例文義，添加判例未述及之要件，創司法解釋之異例。

三、依民法第一千一百四十六條第二項規定推之，侵害繼承權之事實須發生於繼承開始時

依民法第一千一百四十六條第二項規定，繼承回復請求權自知悉被侵害之時起，二年間不行使而消滅，自繼承開始時起逾十年者亦同。關此十年長期時效之起算點係自繼承開始時起算，與民法第一百九十七條第一項就侵權行為所生損害賠償請求權規定十年長期時效係自有侵權行為時起算有別。茲如依本件解釋所示，「繼承開始後，僭稱為真正繼承人或真正繼承人否認其他共同繼承人之繼承權，並排除其占有、管理或處分者，均屬繼承權之侵害。」則此項侵害繼承權之事實倘發生在繼承開始後十年期間行將居滿之時，被害人欲中斷時效之進行，亦將措手不及。抑有進者，民法第一千一百四十六條第二項係專就繼承回復請求權之消滅時效而為規定，本件解釋意旨雖謂繼承權侵害之事實，於繼承開始後發生者亦屬之云云，惟侵害之時間，在繼承開始後有無期間之限制，則未述及。然則侵害之時，自繼承開始時起，如已逾十年，繼承回復請求權早已罹於時效而消滅，被害人豈非束手無策？民法第一千一百四十六條第二項規定既未採民法第一百九十七條第一項規定之例，自有侵害繼承權之行為時起算十年之消滅時效期間，則所謂繼承權之侵害，當係專指繼承開始時有此事實而言。本件解釋謂自繼承開始後繼承權亦有被侵害之情形云云，與民法第一千一百四十六條第二項規定之立法意旨顯然牴觸。

四、本件解釋文論斷繼承開始後侵害繼承權之要件失於疏略

本件解釋文謂：凡無繼承權而於繼承開始後僭稱為真正繼承人或真正繼承人否認其他共同繼承人之繼承權，並排除其占有、管理或處分者，為繼承權之侵害云云，惟按繼承人繼承之遺產，除民法另有規定及專屬於被繼承人本身之權利義務外，承受被繼承人之一切權利義務，包括積極財產及消

極財產，亦即概括繼承是。繼承權因特定身分而發生，繼承之標的則為財產上之一切權利義務，因此兼具身分權與財產權之性質。從而對於繼承權之侵害，非僅指對被繼承人之特定遺產所為之侵害而言，無繼承權之人排除合法繼承人對於特定遺產之占有、管理或處分，無非對該特定遺產為侵害，不能認係侵害兼具身分權與財產權之繼承權。就侵害繼承權以言，僭稱為真正繼承人而侵害合法繼承人之繼承權，須(1)主觀上自命為繼承人，捨自己以外，別無他人。(2)知悉被繼承人死亡之事實而以繼承人之地位繼承其遺產。(3)自命為繼承人而處理遺產之權利義務。因此，繼承人彼此間若僅對應繼分之多寡而為爭執，既非否定其他共同繼承人之繼承權，則純屬權利義務範圍之紛爭，並非繼承權之侵害。真正繼承人否認其他共同繼承人之繼承權者，其理相同。

五、繼承開始後始僭稱為真正繼承人或真正繼承人否認其他共同繼承權而行使遺產上之權利者為侵害合法繼承人已取得之權利

　　凡無繼承權而於「繼承開始時」僭稱為真正繼承人或真正繼承人否認其他共同繼承人之繼承權並排除其占有、管理或處分者，本件多數大法官通過之解釋文亦承認此為繼承權之侵害，是以「繼承因被繼承人死亡而開始，死亡之時短暫，瞬間消失，分秒之後已非繼承開始之時，故所謂繼承開始時即已有此事實之存在，似指須在繼承開始之前」云云，執為指摘本件判例意旨不當之說，已為本件解釋文所不採。解釋文所謂「被繼承人死亡時即已有侵害繼承人地位事實之存在」云者係指侵害繼承人地位之事實於繼承開始時，即已存在之情形而言。其適例見之於判解者，例如母不知其女有繼承權，將遺產贈與於他人（院解字第三八五六號解釋）；父死，由兄弟行使遺產上之權利而置姊妹之繼承權於勿顧（二十九年上字第一三四〇號判例，相類者有二十九年上字第一五〇四號判例）。至本件解釋文所謂無繼承權而於「繼承開始後」侵害合法繼承人之繼承權情形，可得而言者，有左列情形：

㈠繼承人中之一人或數人已知尚有其他共同繼承人，初無侵害該繼承權之事實，嗣後方予否認並獨自處理遺產上之權利義務。

㈡無繼承權之人，於繼承開始後，僭稱為真正繼承人並獨自處理遺產上之
權利義務。

繼承人中之一人或數人倘不知尚有其他共同繼承人而獨自處理遺產上之權
利義務，是為自始侵害其他共同繼承人之繼承權問題。因此，侵害繼承權
之事實，初不問出於善意或惡意。又以上㈠所述知悉尚有其他共同繼承人
之情形，是否侵害繼承權，須分別就自始或嗣後侵害而為不同之判斷。其
嗣後侵害者，因被繼承人財產上一切權利義務，除民法另有規定及專屬於
被繼承人本身之權利義務外，自繼承開始時由繼承人承受。以故，其被害
客體為繼承人已取得之權利而非侵害繼承權。再㈡所述無繼承權之人，於
繼承開始後，僭稱為真正繼承人，獨自處理遺產上權利義務之情形，鮮有
善意者，其對於遺產之侵害，被害人或其法定代理人自得基於繼承財產上
之法律關係主張權利，對於被害人基於繼承權而發生之法律效果，不應有
所影響。

六、最高法院四十年臺上字第七三〇號判例係以院解字第三九九七號解釋為立
論之依據

最高法院四十年臺上字第七三〇號判例謂繼承回復請求權如因時效完成而
消滅，其原有繼承權即已全部喪失，自應由表見繼承人取得其繼承權。此
項見解係以本院院解字第三九九七號解釋為立論之根據。惟論判例意旨是
否妥當，有無變更必要，在本院變更解釋以前，最高法院即不得違背解釋
意旨而變更判例，其無視解釋之存在所為相反之裁判，當然失其效力（參
看釋字第一八五號解釋）。本件大法官多數意見通過之解釋文，並未檢討院
解字第三九九七號解釋是否應予變更，最高法院自無從不受解釋之拘束而
變更判例。因此，繼承回復請求權如因時效完成而消滅，「其原有繼承權，
即已全部喪失，自應由表見繼承人取得繼承權。」真正繼承人當無再有物上
請求權可資行使，不待贅言。

七、繼承開始後如認為亦可發生侵害繼承權之情形，對於合法繼承人之權益保
護不周

繼承開始後如認為合法繼承人之繼承權亦有被他人侵害而消滅之可能，則

繼承人自繼承開始後十年內，必須隨時防止其繼承權被他人侵害，於知悉被侵害之時起二年內行使回復請求權。由於侵害他人繼承權之客觀事實，如本判例意旨所指自命為繼承人而行使遺產上權利，與本件解釋文所謂「排除其對繼承財產上之占有、管理或處分」，無非對繼承遺產之侵害，亦即對繼承人已取得之權利之侵害。本此事實所以認定同時具有繼承權侵害之性質者，尚須主觀上「自命為繼承人」或「否認共同繼承人之繼承資格」為要件。然而排除合法繼承人對特定繼承財產之占有、管理或處分，又如何推知侵害之客觀事實隱藏此項主觀事實？被害人對於侵害特定遺產之人不具侵害繼承權之意思，此項消極事實，實無從證明。反之，侵害之人如能證明確有此主觀事實，且為被害人所知悉，則縱被害人或其法定代理人行使物上請求權，二年期間一晃即逝，侵害之人一旦提出繼承回復請求權消滅時效之抗辯為有理由，被害人因繼承而取得之權利即瞬間歸於消滅，業經院解字第三九九七號解釋有案，已如上述六。

八、依本件解釋意旨，承認繼承開始後，繼承權亦有被侵害可能，對於交易安全亦有妨礙

倘云繼承開始後，合法繼承人依法律之規定承受之遺產，不論是否已辦理繼承登記，其繼承權猶有被侵害之可能（如本件解釋所云，以「占有」、「管理」而為侵害），則被害人之繼承回復請求權一旦因時效完成而消滅，被害人因合法繼承早已取得之遺產即自始歸於消滅，由侵害繼承權之人溯及繼承開始，承受被繼承人財產上之一切權利義務。此項財產之變動，違背物權法上之公示原則與公信原則。尤其若有第三人在被害人合法繼承而取得之財產設定有他項物權，則因所有權溯及繼承開始時消滅而無所附麗，勢將隨同消滅。此與繼受被害人之權利者，應有登記絕對效力規定之適用，情形有別。是認繼承開始後，繼承權亦有被侵害可能，對於物權之變動影響甚大，與交易之安全定有妨礙。

九、繼承權喪失者，其繼承權自始不存在，如參與共同繼承，即係自始侵害其他共同繼承人之繼承權

民法第一千一百四十五條規定繼承人有同條所列各款情形之一者，喪失繼

承權。因此，喪失繼承權之人倘僭稱為繼承人，參與共同繼承，即係自始侵害合法繼承人之繼承權，被害人或其法定代理人即非不得行使民法第一千一百四十六條第一項規定之繼承回復請求權，並有同條第二項消滅時效規定之適用。本判例意旨於此情形，仍有適用，不因被害人或其法定代理人對於彼此為繼承人之身分初未爭執，嗣後始知悉被侵害之事實而受影響。

十、本件解釋將助長侵害他人繼承權之行為

按民法第一千一百四十六條第一項規定之繼承回復請求權，法律未限制其行使方法應如何為之。從而被害人或其法定代理人對於侵害繼承權之人得提起訴訟請求回復繼承權，侵害繼承權之人則得依同條第二項規定提出消滅時效之抗辯。惟被害人亦得主張其因繼承所得之權利，請求排除侵害；對造如以被害人之繼承回復請求權已罹於時效而消滅，資為抗辯，法院即應就兩造之攻防，孰為有理，予以調查認定。如依本件多數大法官通過之解釋意旨，自繼承開始後不定期間內，繼承人之繼承權隨時有被侵害之可能，使民法第一千一百四十六條規定適用之範圍擴大，真正繼承人因繼承所得之權利則相對受到限縮，其結果究係保護真正繼承人，抑或侵害他人權利者更受本件解釋之保護，實值三思。

綜上所述，本件多數大法官通過之解釋囿於己見，認定「繼承權是否被侵害，應以繼承原因發生後，有無被他人否認其繼承資格，並排除其對繼承財產之占有、管理或處分為斷」，因而謂繼承權侵害之事實，於繼承開始時即已存在，抑或繼承開始後始發生，均屬之。對於最高法院五十三年臺上字第五九二號判例意旨依民法第一千一百四十七條及第一千一百四十八條論斷繼承人自繼承開始時即承受被繼承人遺產，概括繼承其財產上之一切權利義務，故繼承開始後始發生「自命為繼承人而行使遺產上權利之人」之事實，則其侵害者為繼承人已取得之權利而非侵害繼承權云云，並未依文義表達之意思解讀，為配合上開論旨，竟添加判例意旨所無之要件，致詮釋判例之內容偏離正常之瞭解，無異削足適履。解釋之結果與民法第一千一百四十六條第二項規定扞格不入。對於真正繼承人依法繼承之權益缺少保障，反而對於侵害他人繼承權之人有益。關此，多數意見竟置諸不顧，實難認同，爰提出部分不同意見書如上。

〔拾〕釋字第四四五號解釋部分不同意見書

〔論點提要〕

大法官解釋憲法是否受聲請請求解釋範圍之限制？有無不告不理原則之適用？

〔部分不同意見書〕

　　本號解釋認集會遊行法（下簡稱集遊法）第十一條規定，採用準則許可制與同法第二十九條採用刑事罰之規定並未違反憲法意旨，及同法第九條第一項但書對於偶發性集會、遊行不及於二日前申請者不予許可，與憲法保障人民集會自由之意旨有違，亟待檢討改進等部分，本席雖表贊同，但對於非本件聲請範圍之事項部分（即集遊法第十一條第一款至第五款與相關之同法第四條、第六條、第十條規定）遽予一併解釋，不無違背不告不理之審理原則，則難同意。爰敘述其理由如左：

　　(一)按司法院大法官固有解釋憲法，並有統一解釋法律及命令之權。惟大法官對於解釋案件之審理，屬國家司法權行使之一種，仍須依聲請為之，應受不告不理原則之拘束。又解釋憲法之聲請，其聲請權人及其得為聲請解釋之範圍，應受一定之法律限制（至法律應如何規定係屬立法裁量問題），若非聲請權人或對非其得聲請解釋範圍內之事項為聲請時，即不應受理。此觀司法院大法官審理案件法（以下簡稱審理案件法）第五條、第七條之規定即明。

　　(二)人民之聲請解釋憲法，依審理案件法第五條第一項第二款規定，須「人民於其憲法上所保障之權利遭受不法侵害，經依法定程序提起訴訟，對於確定終局裁判所適用之法律或命令發生有牴觸憲法之疑義者」，始得為之。茲該所謂終局裁判所適用之法律或命令，解釋上雖不宜機械地侷限於裁判書上所明白引用之法律條文、命令規定；凡該法令之制定或其制

定之原則有無牴觸憲法，或裁判因認定事實所涉及之法律條文、命令規定，縱未表明於裁判書內，但既與裁判之形成有關，自應在得以聲請解釋之列。逾此以外之事項，既未經訴訟並經終局裁判，依上開規定，人民即不得聲請解釋，倘為聲請，亦應不予受理（參照審理案件法第五條第三項）。大法官審理人民聲請解釋憲法，當非漫無限制，仍應受上述範圍之拘束。亦即僅能就經訴訟之終局裁判中所適用法令及與此相關聯之法令制定或其制定原則之合憲性（例如某法律條文係採用某原則為規定，而聲請人所受不利益之裁判，其所引法條係依該原則而制定，若經解釋認該原則違憲，則其範圍自可及於依該原則而定之相關法條；如不認為違憲，既與該原則無關聯，自僅能就裁判所依據之法條規定而為解釋。又如法規命令之制定倘認違憲，則裁判所依之該法規命令，自可作為全部審查範圍，若其制定合憲，則僅得就涉及之部分為審查），與因認定事實中所涉及之法令有無違憲疑義為解釋。人民聲請解釋憲法之制度，除保障當事人之基本權利外，雖尚有闡明憲法真義，以維護憲法之目的，但不能因此即可置人民得聲請憲法解釋範圍之規定於不顧，徒以該不得聲請而聲請解釋之事項，蘊含憲法上之意義，有闡明憲法真義，以維護憲法之目的之價值為由，即選擇性地藉以併為解釋。否則審理案件法第五條第一項第二款所定聲請要件及同條第三項對於聲請人不合規定者應不受理之規定，即失其意義（至該規定是否妥適，則屬立法裁量之另一問題，亦非本件解釋範圍）；且與基於分權制衡原理而生之司法權行使被動性及不告不理之原則，亦難謂無違背。多數大法官意見謂：「解釋範圍自得及於該具體事件相關聯且必要之法條內容有無牴觸憲法情事而為審理」，但所謂「相關聯且必要之法條內容」其範圍如何？可否脫離聲請人所得為聲請之範圍，不能不令人無疑。大法官對於人民聲請解釋憲法事件，如將「確定終局裁判所適用之法令」，解釋為其範圍包括該訴訟事件裁判上（而非事件相關聯）所涉及該法令之相關聯部分，因其尚在訴訟事件範圍之內，本席固可贊同，此即本席認為「所謂終局裁判所適用之法律或命令，雖不宜機械地侷限於裁判書所明白引用之法律條文、命令

規定，凡該法令之制定或制定之原則有無牴觸憲法，及裁判因認定事實所涉及法律條文、命令規定，縱未表明於裁判書內，但既與裁判之形成有關，自應在得以聲請解釋之列」之緣由，惟若逾此範圍，則無異係對於人民不得聲請，如經聲請亦應不受理之事項，自行擴張而為受理解釋，此即本席對多數意見之見解所不敢苟同者。

㈢本件聲請人係因其於民國八十二年十月四日向臺北市警察局申請於同月九日十時至十二時遊行，經該局以其未依規定於六日前向主管機關提出申請，依集遊法第九條、第十一條規定，核定「不准舉行」。聲請人未循法定程序申復，猶於同月九日遊行，經警告、制止處分、命令解散，仍未遵從，遂由警局移送檢察官偵查起訴，業經臺灣高等法院依集遊法第二十九條、刑法第十一條前段、第二十八條、第四十一條、第七十四條第一款，罰金罰鍰提高標準條例第一條規定，各判處拘役三十日，如易科罰金均以三百元折算一日，張正修、陳茂男均緩刑二年判決確定。聲請人以其憲法第十四條所保障之權利遭受侵害，認集遊法第十一條採用許可制而不採報備制為違憲，基於違反該條規定，所設之同法第二十五條、第二十九條規定，亦屬違憲等為由，而為本件之聲請。準此以觀，本件解釋所得審理之範圍，依聲請人在刑事訴訟事件之主張所涉及之事實、法令及確定判決所適用之法令與立法原則，當為集遊法第十一條所採許可制、同法第九條第一項前段規定須於遊行六日前為聲請、同法第二十五條之警告、制止或命令解散之規定與同法第二十九條採用刑罰之規定是否違反憲法等項（至刑法及罰金罰鍰提高標準條例部分聲請人並未指摘聲請解釋）。關於集會遊行採用許可制是否違反憲法之疑義部分，各民主憲政國家所採制度不一，本號解釋認集遊法第十一條規定申請室外集會、遊行除有同條所列情形之一者外，應予許可。其中有關時間、地點及方式等未涉及集會、遊行目的或內容之事項，為維護憲法秩序及公共利益所必要，屬立法自由形成之範圍於表現自由之訴求不致有所侵害，與憲法保障集會自由之意旨無牴觸云云，固為本席所贊同，集遊法不採報備制而採準則許可制既認並不違憲為大法官一致之意見，雖其中

就準則許可主義規定之內容，有宣示性之說明，但具體法律之各規定，其內容有否違反該宣示性之說明，則屬法律之各具體規定有否違憲問題，尚不涉及法律採用許可制原則之違憲問題。是本件就聲請人所涉訴訟事件中所得為違憲之審查者，依㈡之說明，應為本件聲請人所涉之集遊法第十一條所列第六款定為不應許可之事由，是否違憲而已（其他關於同法第九條、第二十五條、第二十九條部分，本席無不同意見，故不予論列）。至同條第一款至第五款所定不應許可之事由及與同條第一款相關之第四條、第六條、第十條之規定，無論其規定有無違憲，聲請人之聲請是否指摘及此，該五款事由及相關之同法第四條、第六條、第十條規定，既非聲請人聲請集會、遊行時，據為不准許之事由，聲請人憲法上所保障集會之自由，亦非因該規定而遭受侵害，並經訴訟終局判決，依前開說明，大法官自不得對之解釋。多數大法官意見，對此逐項予以解釋，顯未嚴守司法權行使之分際。至多數大法官意見雖謂本院歷來有諸多解釋，將解釋範圍擴及法令於該具體事件相關聯且必要之法條內容有無牴觸憲法情事而為審理，然審理案件法對於人民聲請解釋憲法既定有一定要件，不合要件者，應不受理之規定，不論多數大法官意見所引例示各解釋，有無逾此而予受理，要屬具體個案之受理解釋是否妥適問題，況其中尚有大法官之不同意見。本件解釋案，對於本院受理解釋所得審理範圍，聲請人與有關機關間既有爭執而於解釋理由，作成抽象原則之宣示，自宜就其所得解釋之範圍，為具體明確而合於解釋原理之說明。本件對此既無具體明確而合於解釋原理之說明，復就本件解釋文及理由內容觀之，其所謂相關聯且必要之法條範圍已及於當事人所不得聲請之部分有如上述，實難以因有前引例示解釋案例，而得謂本件將解釋範圍擴及集遊法第十一條第一款至第五款及相關之同法第四條、第六條、第十條之規定部分，具有正當性。

基上說明，本號解釋部分有未嚴守解釋應就聲請之事項為解釋，對於人民不得聲請解釋之事項應不受理之原則之情形，為本席所難贊同，爰提出部分不同意見書如上。

〔拾壹〕釋字第四五〇號解釋部分不同意見書

〔論點提要〕

一、國家為健全大學組織，有利大學教育宗旨之實現，固得以法律規定大學內部組織主要架構，但其主要架構如何形成，大學應分若干一級單位，以利大學運作及主管機關之監督，其強制與限制，仍應符合法律保留原則。

二、大法官對於聲請人已聲請之事項，除經議決不受理者外，是否應逐項於解釋文中釋示？抑可僅於解釋理由中說明？

〔部分不同意見書〕

一、本件聲請人係以大學法第十一條第一項強制規定各大學應設置教務處等九個一級單位，及大學法施行細則第九條第三項規定軍訓室置主任一人，軍訓教官、護理教師若干人，主任由教育部推薦職級相當之軍訓教官二至三人，由校長擇聘之之規定，是否有牴觸憲法第十一條所保障之學術自由發生疑義，聲請解釋。

二、按憲法第十一條關於講學自由之規定，係以保障學術自由為目的。學術自由之保障應自大學組織及其他建制方面加以保障，亦即為制度性之保障。為保障大學之學術自由，應承認大學自治之制度，教育主管機關對於大學之監督應於法律規定範圍內為之，且法律本身亦須符合憲法第二十三條規定之法律保留原則。本院釋字第三八〇號解釋之理由，闡釋至明。

三、國家為健全大學組織，有利大學教育宗旨之實現，固得以法律規定大學內部組織主要架構，但其架構如何形成，大學應分若干一級單位，以利大學之運作及主管機關之監督，其強制與限制仍應符合法律保留原則，大學法第十一條第一項所定應設單位例如人事、會計、秘書、軍訓、體育應否獨立於其他單位而自成一個大學一級單位，抑或可合併於一個或幾個單位之

中，並賦予一定之名稱，仍屬大學自治之範圍，此項大學內部之組織架構，既無礙於國家監督權之行使，亦與維持社會秩序或增進公共利益無關，自不得任以法律加以限制。大學法第十一條第一項規定：「大學應設置左列單位：一、教務處……九、會計室，辦理歲計、會計、統計事務。」強制規定大學必須設置所列九個獨立一級單位，並各賦予其名稱與職掌，對於大學自治之制度性保障所為之限制，顯已逾憲法第二十三條所定必要之程度。即與憲法保障講學自由、大學自治之原則有違。又關於大學教職員之任用，亦屬大學自治之範疇，大學任用之教職員，僅須其具法律所定之資格即可，大學法施行細則第九條第三項規定，室主任應由教育部推薦之人員中擇聘，亦有干涉大學自治之嫌。

四、多數大法官意見，對於大學法第十一條第一項規定，從其所定職掌推論謂大學法第十一條第一項第一款至第四款所列教務處、學生事務處、總務處、圖書館為支援大學教學及研究所必要，第七款至第九款之秘書室、人事室、會計室為協助大學行政之輔助單位，固無疑問，惟各該處室是否必須一一設置，不得有減或合併於一單位？各單位名稱是否皆須法定，此在公立大學基於國家編制、預算或較無爭議，但在私立大學是否必要？則不能無疑。多數大法官意見，僅因上開處室在大學中有其一定功能，即認得以法律強制規定而置，在學術自由原則下，學校自治為其制度性保障，除有憲法第二十三條所定之必要情形，不得以法律限制之之原則於不論，難免速斷，為本席所不敢苟同。又法律規定機關組織之單位，固應注意其必要性與功能性，中華民國八十三年一月大學法公布時，軍訓課程尚為各大學之必修課程，大學設置軍訓室，就當時而言，尚非無其必要性與功能性，雖八十四年五月本院著成釋字第三八○號解釋後，各大學是否設置軍訓課程，可由各大學自行決定，各大學設置之軍訓室是否仍有其功能？有無繼續設置之必要？值得商榷。但此功能性問題僅為法律是否因情事變更，而應適時修正，應非構成法律規定違憲問題。至該款規定之職掌，固涉及大學課程之自治，但課程之訂定，既屬大學自治範疇，倘大學不設軍訓課程，僅生該軍訓室有無繼續存在之必要，有如前述，尚不生因有軍訓室之規定，而

使軍訓課程獨立於大學自治之外，成為訂定大學必修課程之法律依據。多數大法官意見，認大學法第十一條第一項第六款及同法施行細則第九條第三項規定為違憲，其結論固可贊同，但其理由依上說明，尚難贊同。

五、按司法院大法官受理解釋案件，其範圍得及於該具體事件相關聯且必要之法條內容有無牴觸憲法情事，固經本院釋字第四四五號解釋理由闡示在案，但對於聲請人已聲請之事項，除經議決不受理者外，是否應逐項於解釋文中釋示則未見論及。本席認為聲請之事項除不具有原則之重要性者（基本上本席認為聲請事項如不具原則上之重要性，應可拒不受理以免減損大法官釋憲功能），可於解釋理由中予以說明外，應就其聲請事項於解釋文中釋示。本件聲請人以大學法第十一條第一項（關於施行細則部分不另論述）有違憲疑義聲請解釋，本號解釋文僅就其中第六款之規定，宣示其違憲。並於解釋理由中，就其中第一款至第四款及第七款至第九款規定說明其與憲法尚無牴觸，其第五款則認應檢討改進。就解釋文及解釋理由全體觀之，多數大法官意見，似認大學法第十一條第一項規定大學之組織單位並不違憲，惟其中第一項第六款之單位，因職掌涉及課程有違憲法保障講學自由、大學自治原則而認無效，特於解釋文中釋示。惟大學法得否以法律強制規定大學組織？如可，其得以法律強制之必要範圍如何？即大學法第十一條第一項第六款以外其餘各款於大學自治之原則是否有違？尚非不具有原則上之重要性，竟不於解釋文中釋示，已不無遺憾。矧其中第五款規定，亦涉及大學自治（課程之自治），何以與同條項第六款採用不同之處理？而不於解釋文中為違憲之釋示？僅以「至大學提供體育設施及活動以健全學生體格固有必要，惟是否應開設體育課程而必須設置體育室，亦屬大學自治之範圍，同條第一項第五款之規定，仍應由有關機關一併檢討改進」云云以為說明，對於聲請人所聲請認應由有關機關檢討改進之事項，不解釋文明示，亦為本席所不贊同。

本席對於本件解釋，所持立場與多數大法官意見不盡相同，爰提出部分不同意見書如上。

〔壹貳〕釋字第四五一號解釋協同意見書

〔論點提要〕

共有人或公同共有人，於占有之共有或公同共有土地，對於使其占有之他共有人或公同共有人表示變為以在他人土地上行使地上權之意思而占有時，可否主張因時效取得地上權？

〔協同意見書〕

按物權除法律別有規定外，不得創設，民法第七百五十七條定有明文。地上權依民法第八百二十三條規定，係以在他人土地上有建築物或其他工作物或竹木為目的而使用土地之權。基於土地所有權與土地利用權得以分開並由不同之人享有其權利之法理，及為增進土地之充分利用，本席固贊成共有人得基於全體共有人（不論分別共有抑公同共有）之同意，得於共有土地上，為共有人中之一人或數人設定地上權，但對於共有人之依取得時效規定取得地上權，解釋文謂：「共有人或公同共有人之一人或數人以在他人之土地上行使地上權之意思而占有共有或公同共有之土地者，自得依民法第七百七十二條準用第七百六十九條及第七百七十條取得時效之規定，請求登記為地上權人」，雖為本席所同意，但多數意見謂：「若共有人或公同共有人於占有之共有或公同共有土地，對於使其占有之他共有人或公同共有人表示變為以在他人之土地上行使地上權之意思而占有，自得本於民法第七百七十二條準用第七百六十九條、第七百七十條，主張依時效取得地上權」云云，本席則認並非無疑。蓋在共有人或公同共有人於占有之初，主觀上即以認共有之土地為他人之土地，而以取得地上權之意思而占有者，如並具備其他因時效取得之要件時，認其因時效取得地上權，而可申請登記為地上權人，固無疑問，若共有人於占有之初主客觀上已認識其占有之土地，係為自己與他人所共有或公同共有，即難謂係以在他人土地上而

為占有，其後能否再就其主客觀上已認識之共有土地因「表示」之行為而改變
為係以在他人之土地為占有之意思而予占有？前後主觀之認識可否如此矛盾？
非無推求之餘地。內政部七十七年八月十七日臺內地字第六二一四六四號發布
時效取得地上權登記審查要點第三點第五款規定，共有人不得就共有土地申請
時效取得地上權登記，逾越法律所定取得地上權之要件，固違憲法保障人民財
產權之本旨，但解釋理由中之上述部分，則為本席所不贊同。爰提出協同意見
書如上。

〔壹參〕釋字第四五九號解釋不同意見書

〔論點提要〕

役男體位檢查小組之「體位判定」是否為行政處分抑處分（徵兵處分）之前階段行為？可否單獨作為行政爭訟對象？

〔不同意見書〕

本號解釋意旨，本席基於左列理由，難以贊同。

一、本號聲請人聲請釋憲意旨係以對於中央體位審查小組，對其體位判定為「乙等體位」不服，提起行政爭訟。行政法院八十四年度裁字第六七六號裁定，以聲請人未依兵役法施行法第六十九條規定及本院院字第一八五〇號解釋意旨請求複核，認其逕行提起行政訴訟為不合法，而予駁回為其基礎。查兵役法施行法第六十九條之規定，係對於「免役、禁役、緩徵、緩召」之聲請所為之核定，不服其核定之救濟前置程序規定，與「體位之判定」情形不同。本院院字第一八五〇號解釋係對於兵役法施行法施行前，就軍政部頒陸軍徵募事務暫行規則第三十三條至第三十五條對於徵募處分救濟程序之規定所為之解釋，兵役法施行法公布施行徵兵規則訂定公布以後，該暫行規定已無適用餘地，則本院院字第一八五〇號解釋已無適用之對象，根本不能適用，而非不再適用問題。是上開行政法院之裁定，顯係因適用法律錯誤之結果，自應循再審程序解決，而非對於「體位之判定」原裁定適用法規有違憲之疑義，而得聲請釋憲。

二、體位之判定，係由縣（市）政府於每年六月組徵兵檢查委員會所設體格檢查組為之，其組成人員，亦有一定人員及資格之規定（為當地軍公醫院醫事人員、縣（市）衛生局、醫師公會醫事人員），至役種區劃及軍種兵科之鑑定，則另設役種區劃、軍種兵科鑑定組為之（參照徵兵規則第二十六條、

第二十一條及同規則附件十一)，且體格檢查時，係由各檢查醫師，將每一部位檢查結果，填入兵籍表內，蓋章後，交由體格檢查組予以判定。若檢查尚有疑義時，得交回醫師複檢或說明，如仍有疑義，則由體格檢查組會商決定(參照同規則第二十七條)。可知體位之設定，係就役男之體格，依醫師之專門知識，判斷其合於法定如何體之具體行為，屬技術性之判斷，原應以行政權之判斷，為最後之判斷，除法律有特別規定，或其判定之程序違法，例如判定之醫師不具法定資格、組成不合法、或其判定顯然有濫用權力，得認其判定有無效原因，可於徵兵行政處分或申請免役被「不應免役」之核定處分(參照兵役法施行法第六十六條、第六十八條)之行政爭訟中，作為爭執審查對象外，基於分權之原理，不應作為司法審查之標的 ❺。矧「體位之判定」，僅係徵兵檢查程序中之一階段行為，尚須經役種區劃、軍種兵科鑑定等徵兵檢查行為，始能決定其應服之軍種及主要兵科。適服現役之役男，更須經抽籤，始能決定徵兵先後順序。其應受免役者，尚須申請核定，始生免役效果(參照同規則第三十五條、兵役法施行法第六十六條、第六十八條)，足見體位檢查組之「體位判定」尚不直接決定役男之服役、軍種及兵科。況徵兵檢查後體位變更或因檢查判定錯誤，尚有申請複檢之規定(同規則第七條)，則體位檢查組單純之「體位判定」行為，是否為已發生法律效用並侵害役男權利之行政處分，而得據為獨立行政爭訟之標的，尚非無疑問。本院釋字第四二三號解釋固曾有對行政處分之先行階段行為，亦得提起行政爭訟之意見，但為本席所不敢苟同(參照該號解釋本席不同意見書)。此一立場，本席仍未改變，並予敘明。

綜上理由，本解釋案據以聲請之行政法院裁定係裁判適用法規錯誤而非對爭議之「體位判定」行為為裁判，是否已符釋憲要件，已非無疑，且對體位判定之徵兵先行行為，認係行政處分得據為行政爭訟之對象；又體位之判定，原係屬行政權之最後判斷，多數大法官之意見，不論其判定程序有無無效之情形，均認可作行政爭訟對象，本席均認為不無可議，爰提出不同意見書如上。

---

❺　參照田中二郎著《行政爭訟法の法理》第三十二頁。戶松秀典(第一六九頁以下)著〈裁判權の限界〉(載於雄川一郎等編《現代行政法大系》)。

〔壹肆〕釋字第四六七號解釋部分協同意見書

〔論點提要〕

臺灣省政府依八十八年中華民國憲法增修條文第八條第一項第一款及第二項，地方制度法規定，雖已非地方自治團體性質之公法人，惟就未劃歸國家或縣市等地方自治之事項，而屬省之權限，且得為權利義務之主體者，在此範圍內，是否仍得為公法人？

〔部分協同意見書〕

本號解釋關於中華民國八十六年公布之憲法增修條文第九條施行後，省已非地方自治性質之公法人部分，本席固表贊同。惟關於「符合憲法增修條文意旨制定之各項法律，其未劃歸國家或縣市等地方自治團體之事項，而屬省之權限且得為權利義務之主體者，於此限度內，省自得具有公法人資格」云云部分，其解釋理由，本席認有再加補充個人意見之必要，爰提出部分協同意見如下：

行政團體未必均具公法人之資格：法人係除自然人以外，依法律之規定所設立具有權利義務能力資格之主體，為法律所創設之人格者。在國內法上，法人有分為公法人與私法人二類者。所謂公法人，一般係指依公法（姑不論公法與私法之區分，學說上尚有爭論）設立之法人。行政團體是否具有公法人之人格，應依其設立所依據之法律（包括憲法），是否有賦予其公法人地位之規定而定。故法律雖授與行政團體有行使公權力之行政機能，但若未賦予其人格時，仍非公法人。而在我國法制上，公法人有自治團體及其他公法人（參照國家賠償法第十四條、農田水利會組織通則第一條、八十七年十月二日立法院三讀通過之訴願法第一條第二項）之別。八十三年七月二十九日省縣自治法公布施行前，省之法地位：省於行憲前雖已為地方制度上最高層級之行政團體，但依省政府組織法（十六年七月八日公布、三十三年四月二十八日修正）等法律，並

未將其定位為自治團體賦予法人格，與縣市不同（參照十八年六月五日制定公布、十九年七月七日修正之縣組織法，十九年五月二十日制定公布、三十六年七月二十四日修正之市組織法）。立憲時，憲法雖未明定省為地方自治團體性質之公法人，但由憲法第十章及第十一章第一節規定之立法意旨觀之，憲法上省之地位的確有意將其定位為地方自治團體性質之公法人。

惟自公布施行以來，由於憲法第一百十二條所定省縣自治通則等相關省實行地方自治之法律，迄未制定，並未曾有憲法上所定省之自治團體性質之公法人之存在。本院釋字第二六〇號解釋意旨僅在闡明「依憲法有關規定，中央尚無得就特定（本席按非一般）之省議會及省政府之組織單獨制定法律之依據，現時設置之省級民意機關亦無逕行立法之權限」，於解釋理由中並說明，「至行憲後有制憲當時所未料及之情事發生，如何因應，自應由中央盱衡全國之整體需要，兼顧地方之特殊情況，速為現階段符合憲法程序之解決，在未依憲法程序解決前，省縣自治及行政事務不能中斷，依本院釋字第二五九號解釋之同一理由，現行有關臺灣省實行地方自治及省議會、省政府組織之法規，仍繼續有效」云云，可知解釋當時臺灣省雖有實施地方自治之事實，但非憲法上公法人性質之自治團體則無庸疑。況其相關之組織法、組織綱要或規程，亦未將省定位為公法人（相較臺灣省各縣市實施地方自治綱要第二條、第三條，則明定縣市為法人。姑不論行政命令性質之綱要，可否創設公法人，亦係一值得探討問題，至少縣市之公法人地位，尚有此一薄弱依據）之規定。矧第二五九號解釋本身亦未論及省為公法人，自難據此認省已有公法人之地位（至學者謂省為公法人之論述，乃學理上之說明，尚非成立公法人之法律上依據，亦難據為省有公法人地位之論據）。從而，在此期間「省」僅屬地方制度下之最高層級地方行政團體，應無可置疑。

為因應國家統一前之需要，國民大會於八十一年五月二十八日增訂公布憲法增修條文時，為解決現階段省縣地方制度，使符合憲法程序，於其第十七條規定：「省、縣地方制度，應包括左列各款，以法律定之，不受憲法第一百零八條第一項第一款、第一百十二條至第一百十五條、及第一百二十三條之限制：一、省設省議會……省議員由省民選舉之。二、屬於省、縣之立法權，由省議

會、縣議會分別行之。三、省設省政府，置省長一人……由省民選舉之。四、
……。五、……。」將憲法原設計之省縣地方制度，規定可依法律定之。立法機
關基此於八十三年七月二十九日制定省縣自治法，並依該法第二條規定賦予省
有地方自治團體性質之（公）法人資格。自此省為地方自治性質之公法人，因
而確立。

　　八十六年七月二十一日公布之憲法增修條文第九條，對於省縣地方制度，
重作特別規定，其第一項規定「省、縣地方制度，應包括左列各款，以法律定
之，不受憲法第一百零八條第一項第一款、第一百零九條、第一百十二條至第
一百十五條及第一百二十二條之限制：一、省設省政府，置委員九人，其中一
人為主席，均由行政院院長提請總統任命之。二、省設省諮議會，置省諮議會
議員若干人，由行政院院長提請總統任命之。三、縣設縣議會，縣議會議員由
縣民選舉之。四、屬於縣之立法權，由縣議會行之。五、縣設縣政府，置縣長
一人，由縣民選舉之。六、中央與縣之關係。七、省承行政院之命，監督縣自
治事項」，準此，憲法上省在地方制度層級之地位，應未喪失固無疑問，但省既
已不再有憲法規定之自治事項，亦不具備自主組織權，已非地方自治團體性質
之公法人。則以規範省縣地方自治團體之省縣自治法，對於省自治之部分即無
再適用餘地，省已非該省縣自治法第二條所定之法人，殊不待言。惟省仍為地
方制度上行政團體，而有行使國家公權力之行政機能，則為憲法增修條文第九
條所保障。立法機關如基於行政之目的，認仍有賦予其獨立之人格以獨立行使
國家公權力之必要時，自得規定其為公法人，使其取得地方自治團體性質之公
法人以外之其他公法人資格。但此公法人地位之取得，應非僅因立法機關依憲
法增修條文第九條規定，於制定法律時，有未劃歸國家或縣市等地方團體之事
項，而屬省之權限，即認其仍具有公法人之資格。必省之行政團體，依法律之
規定，得為權利義務之主體，即有權利能力時，始得認為具有公法人之資格。

〔壹伍〕釋字第四七〇號解釋不同意見書

〔論點提要〕

八十六年七月修正中華民國憲法增修條文第五條第一項關於司法院院長、副院長及大法官之提名、同意及任用之規定，自九十二年起不適用憲法第七十九條之規定。則在九十二年以前，如需提名司法院院長、副院長或大法官時，可適用修正前增修條文第四條之程序否？

〔不同意見書・與施文森大法官共同提出〕

本號解釋多數大法官認為在中華民國九十二年以前，司法院院長、副院長及本屆大法官出缺致影響司法院職權之正常運作，總統如行使提名權時，仍應適用八十三年八月一日修正公布之憲法增修條文第四條規定程序為之云云，本席認有商榷之處，其理由如左：

八十六年七月二十一日修正公布之中華民國憲法增修條文（下簡稱新增修條文）第五條第一項明定：「司法院設大法官十五人，並以其中一人為院長、一人為副院長，由總統提名，經國民大會同意後任命之，自中華民國九十二年起實施，不適用憲法第七十九條之有關規定」。而憲法第七十九條係規定：「司法院設院長、副院長各一人，由總統提名，經監察院同意任命之」（第一項）。「司法院設大法官若干人，掌理本憲法第七十八條規定事項，由總統提名，經監察院同意任命之」（第二項）。與修正前八十三年公布之憲法增修條文第四條（八十一年公布之憲法增修條文第十三條同）比較，可見新增修條文第五條第一項係在規定司法院院長、副院長須由大法官出任，並限制司法院大法官人數為十五人，其任命程序係由總統提名，經國民大會同意任命，不再適用憲法第七十九條之有關規定，惟為配合現在司法院院長非由大法官出任及第六屆大法官之任期及任命之人數，明文規定上述院長、副院長、大法官人數及任命程序之規

定，自九十二年起實施。故在九十二年新規定實施前，如有任命院長、副院長或大法官之必要，其程序新增修條文既未規定，且修正前之憲法增修條文又因新增修條文之公布而失效，則此新增修條文未特別規定之事項，自應回歸適用憲法，即憲法第七十九條之規定。多數大法官認為國民大會於修正八十三年公布之增修條文第四條為新增修條文第五條時，對此漏未規定過渡條款，係屬疏失云云。惟查新增修條文第五條第一項，係規定為自中華民國九十二年起「實施」，而非「施行」，是新增修條文全部業因總統公布而施行，僅就其第五條第一項，關於提名任命程序等部分，因種種因素之考量，延後至九十二年實施而已，至原司法院院長、副院長、大法官之職位，則不受影響。國民大會於修憲時既已注意及新增修條文第五條所定司法院院長、副院長資格及大法官之人數和任命與修正前之規定不同，而另訂其實施日期，其獨對新增修條文公布至九十二年期間，如須任命司法院院長、副院長及大法官時之任命程序，未設規定，不論是否出於修憲時之有意或疏失所致，其應否再為修訂？如何修訂？均屬修憲者職權行使之範圍，應由修憲之國民大會自行處理解決，處理前仍應回歸憲法原來之規定（憲法第七十九條）。故本席不認在九十二年以前，可依修憲時有疏失之推論，使已失效僅成為法制史上存在之八十三年公布之憲法增修條文第四條規定，以大法官解釋回復其效力，而加以適用，作為總統提名司法院院長、副院長及大法官，咨請國民大會同意後任用之依據。況現任司法院院長及本屆大法官係依八十一年憲法增修條文第十三條規定程序任命，亦非依八十三年憲法增修條文第四條之規定所任命。至回歸憲法第七十九條之規定後，監察院因八十一年公布之憲法增修條文第十三條規定已無行使同意權之職權，且依新增修條文第七條第一項規定，亦喪失憲法所定行使同意權之權限，自已無行使同意總統任命政府重要人員之正當權源。新增修條文第五條雖已將總統任命司法院院長、副院長及大法官之同意權規定由國民大會行使，但須俟九十二年始實施。關於司法院院長、副院長及大法官之任命程序，憲法及憲法增修條文既均自為明文規定，即應遵循。則九十二年以前司法院院長、副院長及大法官之任命回歸憲法第七十九條後，因與新增修條文第七條第一項規定相齟齬，而新增修條文第一條第三項第六款之規定，又以依第五條之規定為前提，致憲法第七

十九條規定難以適用，此項齟齬之解決，依上說明，自應由修憲機關自行處理，
殊無由由大法官藉用解釋憲法之權，迴避失效法律不得適用之原則，藉為期司
法院職權正常運作等理由，將已失效之規定，還魂適用代修憲者為補救之餘地。
矧司法院目前僅副院長及三名大法官（依司法院組織法第三條第一項所定員額
計算）出缺，而副院長之出缺，依司法院組織法第八條第四項規定，副院長並
非不可暫時從缺，又依同條第五項規定，院長、副院長均出缺時，亦可由總統
就大法官中指定一人代理院長；再大法官之員額，憲法並未規定，司法院組織
法第三條第一項雖規定，人數為十七人，惟歷居大法官任命常有不足額之情事，
參諸新增修條文將其定為十五人，其中尚包括院長、副院長二人，則九十二年
以後，司法院除並為院長、副院長之大法官外，大法官至多僅為十三人，較現
在在任之大法官人數十四人為少，且依大法官審理案件法第十四條之規定，大
法官解釋憲法或統一解釋法律或命令時之出席、可決人數之計算，係以現有總
額為準，就司法院組織法規定之大法官人數而言，目前雖有三位大法官之缺額，
但於大法官職權之行使，尚無妨礙。難謂上開規定之齟齬對於司法權或司法院
之運作與穩定已有不良影響，並對憲政運作發生明顯而立即之危險，有不能等
待修憲機關之處理，必須藉由釋憲，以解決此憲政運作困境或危機之急迫情事。
何況國民大會每年均有集會（參照新增修條文第一條第五項），如認有修訂必要，
自得隨時修訂，以為解決。倘若修憲者之目的，在於有意使總統於九十二年以
前暫時不能行使對司法院院長、副院長及大法官之提名任命權，就上開齟齬情
形故意不予處理，亦屬對總統職權行使限制之問題。惟總統之職權源於憲法（包
括憲法增修條文）之規定，修憲者本得加以變更或限制，尚不生憲法及憲法增
修條文之規定，有妨礙總統職權行使之情事。再總統即使有任命司法院院長、
副院長、大法官之急迫情事，不及等待憲法或憲法增修條文之修訂，而須及時
解釋以維憲政之運作，亦應從歷來之憲法增修條文對於監察院職權之修訂及原
監察院同意權改由國民大會行使之旨趣，考慮是否解釋為在九十二年增修條文
第五條實施前，在憲政運作有急迫之情形下，憲法第七十九條所定監察院之同
意權，應改由國民大會行使，而非適用已失效僅法制史上存在之八十三年憲法
增修條文第四條規定。從而多數大法官不待修憲者之處理，以「因任命之程序

致影響司法院職權之正常運作」為前提，預作「應適用八十三年之憲法增修條文第四條規定程序辦理之解釋」，不無侵害修憲者職權行使之嫌，大法官解釋權之行使，能不知所自制乎？

綜上理由，多數大法官之意見，難為本席所贊同，爰提出不同意見書如上。

〔壹陸〕釋字第四七七號解釋部分不同意見書

〔論點提要〕

一、冤獄賠償法與戒嚴時期人民受損權利回復條例間，賠償請求權之相互關係。

二、冤獄賠償法對於軍事審判案件有否適用？

三、大法官得否以法律對於人民權利遭受同等損害，法律未設賠償規定，有重大瑕疵為由，解釋為亦得依同法律請求賠償？

〔部分不同意見書〕

　　本號解釋認為戒嚴時期人民受損權利回復條例（簡稱本條例）第六條適用對象未能包括不起訴處分確定前或後、經治安機關逮捕以罪嫌不足逕行釋放前、無罪判決確定後、有罪判決（包括感化、感訓處分）執行完畢後，受羈押或未經依法釋放之人，顯屬立法上之重大瑕疵，凡屬上開漏未規定之情形，均得於本解釋公布之日起二年內依該條例第六條請求國家賠償。基本原則本席雖亦贊同，但對於下列部分，則與多數大法官意見不同，茲敘述部分不同意見如下：

　　關於不起訴處分確定前受羈押應賠償部分：按犯罪嫌疑人受不起訴處分者，固以犯罪嫌疑不足之情形為多數（參照刑事訴訟法第二百五十二條第十款、軍事審判法第一百四十六條第一項第十款），此等因犯罪嫌疑不足而不起訴處分之遭押被告，受有冤抑，應予國家賠償，有其正當性，為本席所贊同。惟不起訴處分之事由，並不以此為限，其中尚有行為雖合於犯罪構成要件，但因法律之特別規定，而予不起訴處分者，尤其依懲治叛亂條例第九條第一項規定不起訴之情形，犯罪嫌疑人並非其行為不構成犯罪而不具非難性。似此情形，比照冤獄賠償法第二條所定精神觀之，若仍許其請求國家賠償，顯難謂與正當性及公平之原則無違。本解釋是否應擴及於此情形，實值商榷。

　　又冤獄賠償法於中華民國四十八年六月十一日公布，同年九月一日起施行。

依該法第一條第二項規定人民因不依刑事法令之羈押者，受害者得依冤獄賠償法，請求國家賠償。司法機關或軍事審判機關於犯罪嫌疑人受不起訴處分確定，或受無罪判決確定，或受有罪判決執行完畢時，原應即行撤銷羈押釋放犯罪嫌疑人、被告或受刑人（參照刑事訴訟法第二百五十九條第一項、第三百十六條、軍事審判法第一百五十三條、第一百八十五條、監獄行刑法第八十三條第一項），其應釋放不釋放而予繼續羈押者，其後之羈押即為不依刑事訴訟法令所為之羈押。依上說明，如其情形係在四十八年九月一日後發生者，即可依冤獄賠償法第一條第二項規定，請求國家賠償，殊不能謂法有漏未規定有再依本解釋擴大本條例第六條適用範圍，使其另得請求國家賠償之必要。或謂冤獄賠償法於頒行以來即把軍事審判排除在外（參照立法院公報第八十三卷第四十九期第四十二頁法務部次長之口頭說明及辦理冤獄賠償事件應行注意事項二），惟冤獄賠償法第一條第一項係規定為「依刑事訴訟法令受理之案件」，而關於依刑事訴訟法令受理之案件，有由普通法院依刑事訴訟法及由軍事審判機關依軍事審判法受理者，參看本院釋字第四三六號解釋至為明白，則冤獄賠償法對於軍事審判案件，自無排除不適用之理，殊不容以「注意事項」之行政命令限縮其適用。縱過去在戒嚴時期因特殊緣由事實上排斥未用，或受害人對於因內亂外患罪受濫行羈押之情形，懍於當時為戒嚴時期未敢依冤獄賠償法請求，情堪同情確有加以特別賠償之必要，但既非原無請求救濟之途徑，倘須使其另外獲得特別救濟，自須另以法律予以明定，殊無由大法官以解釋任意擴大其適用範圍之餘地。至四十八年冤獄賠償法施行前受羈押之情形，因當時尚無其他救濟途徑可循，為使人民權利受憲法之保障，解釋擴大本條例第六條適用範圍及此，本席勉可同意。

綜上所陳，本號解釋細節上尚有若干值得檢討之處，多數大法官意見不予置論，難以苟同，爰提出部分不同意見書如上。

〔壹柒〕釋字第四八五號解釋不同意見書

〔論點提要〕

經立法院三讀通過、總統公布之法律，依大法官審理案件法第五條第一項第三款規定，固得依立法委員現有總額三分之一以上之聲請，解釋憲法。惟計算總額三分之一時，原贊成該法案之立法委員，可否加入聲請之人數？

〔不同意見書〕

本件聲請係由立法委員蘇煥智等五十五人以「國軍老舊眷村改建條例」（以下稱「條例」）顯有違反憲法第七條平等權等規定之嫌，聲請解釋憲法（見立法委員聲請解釋憲法理由書），本席依左列理由，認應不予受理解釋。

按由一定人數之立法委員聲請解釋憲法，依司法院大法官審理案件法（以下簡稱審理案件法）第五條第一項第二款規定，須「依立法委員現有總額三分之一以上之聲請，就其行使職權適用憲法發生疑義或適用法律發生有牴觸憲法之疑義者」始得為之。準此一定人數之立法委員聲請解釋憲法須為 W 立法委員行使職權適用憲法發生疑義（該款前段）或 X 為其行使職權適用法律發生有牴觸憲法之疑義（該款後段）。本件聲請，依其理由書謂係依該款前段規定（即 W 之情形）聲請解釋「條例」之規定是否違憲等語。

查聲請解釋憲法依審理案件法第八條第一項第三款規定，須敘明聲請解釋憲法之理由及聲請人對本案所持立場與意見，是一定人數之立法委員就其行使職權適用憲法發生疑義聲請解釋時，於聲請書內，自須敘明其係於行使如何之職權時，因適用憲法對於憲法如何之規定發生疑義，始能謂其合於程式。本件聲請人聲請時，並未依上開規定具體敘明其行使如何之職權，因適用憲法發生疑義，而係謂聲請大法官解釋立法院通過之「條例」其規定有否違憲等語。第查該「條例」既經立法院於民國八十五年一月十二日三讀通過，立法委員就該

「條例」制定權之職權行使即屬完畢，則本件聲請時，聲請人顯非在行使該「條例」制定之職權，且就其聲請意旨言，亦非關於適用憲法發生疑義，而係請求審查立法院所通過之「條例」有無違反憲法第七條等規定，即與上開聲請要件不合，依審理案件法第五條第三項規定，應不受理。或謂該款前段規定，係源於德國法例，目的在使不同意法案之少數立法委員，對於多數立法委員所通過之法律，有要求司法院大法官為法律違憲審查之規定，但該款並非規定少數立法委員對其行使職權表決通過之法律認有牴觸憲法之疑義，得聲請解釋，司法院大法官則能否擴張解釋之範圍及此，即非全無疑問。矧我國法律之制定權係由立法委員行使，故法律制定過程中，若法律或其中之法條涉及牴觸憲法，立法委員自不應贊成任其通過。從而經立法委員三讀通過之法律，應有「合憲推定」原則之適用。表決時不贊成之立法委員，對於通過之法律，就其合憲性既有爭議，使該立法委員有聲請司法院大法官作合憲性審查而為解釋，以為救濟，自有保護之必要性與正當性；若立法委員於表決時表示贊成使法案通過，旋又反於其前贊成之表示，聲請審查該通過之法律有牴觸憲法，企圖使其失效，則顯有悖於禁止反言 (Estoppel) 之原則，並有逃避或混淆選民監督之嫌，殊難認對其有予救濟保護之必要性與正當性，則若其請求解釋，亦不應受理。從而縱認少數立法委員對於通過之法律，有違憲審查之聲請權，依上說明，於其聲請時，應表明其為不贊同法案之立法委員。本件聲請人是否為不贊同該「條例」之立法委員，並未見其說明，本院似亦未為必要之調查，確定其是否為適格之聲請人，即逕予受理作成解釋，亦嫌未妥。又本件依聲請意旨，並不合審理案件法第五條第一項第二款後段之規定，聲請人復未據此而為聲請，併予敘明。

綜上理由，本件聲請尚未符合審理案件法第五條第一項第二款之要件，依同條第三項規定，原應不受理，惟多數大法官遽為受理並予解釋，即難贊同，爰提出不同意見書如上。

〔壹捌〕釋字第四九九號解釋協同暨部分不同意見書

〔論點提要〕

一、國民大會議事規則第三十八條並無絕對禁止修憲時，採用「記名投票」，僅
　　規定於有代表三分之一同意時，即須採用「記名投票」而已。本件憲法增
　　修條文之增修，其過程固有如理由書所述若干瑕疵，若以憲法之增修程序
　　因行「無記名投票」違反公開透明原則，即謂已違修憲條文效力之基本規
　　定，而違程序明顯重大瑕疵，應屬無效，是否有堅強依據？

二、本件憲法增修條文之增修，於通過該增修案時，其出席及贊成人數，均合
　　憲法第一百七十四條第一項規定，且其改用「無記名投票」，係經國民大會
　　多數決之通過，可否僅因「無記名投票」有違程序公開透明原則，謂有瑕
　　疵，並因此一瑕疵，影響決議之效果？若足動搖其決議，是否應屬決議無
　　效？或新增修條文未成立，而非增修條文無效問題？

三、憲法增修條文間規範衝突之解決，乃屬國家民主憲政走向之抉擇，自應循
　　民主憲政原理決之。目前我國尚無關於國民直接可對國民大會通過之憲法
　　增修條文複決機制之規定，無依此解決規範衝突之可能。惟憲法增修條文
　　既與未經增修之憲法條文間顯有衝突，若貿然使憲法增修條文與之同時實
　　施，勢必因適用有規範衝突之憲法造成憲政秩序之紊亂，絕非主權者（國
　　民）之福。為維護憲政秩序之安定，兼顧憲政之發展，造成規範衝突之憲
　　法增修條文，自仍須由民意之檢驗決定之，不宜由大法官代為抉擇。

〔協同暨部分不同意見書〕

　　對於本解釋文及其理由，本席有若干觀點與多數大法官意見不同，若干支
持並補充多數大法官意見之理由者，茲敘述如左：

一、關於修正之程序部分

多數大法官認憲法增修條文第一條、第四條、第九條暨第十條之修正,其程序違背公開透明原則,議事規則第三十八條第二項但書規定,其瑕疵已達明顯重大之程度,違反修憲條文成立或效力之基本規範,應自解釋公布之日起失其效力部分:多數大法官對於本件修憲程序認違反公開透明原則,無非以其修憲係以「無記名投票」方式為之,為其基礎。本席以為「記名投票」雖有使程序公開透明之功能,選民或所屬政黨得據以知悉其投票行為,用以判斷該代表所為政治行為之內容,但尚非使其依公開透明原則負政治責任之唯一方法;國民意見表達及意見形成之溝通程序,也不以表決時,用「記名投票」為其唯一手段,且觀諸各國憲法關於憲法修正之決議,亦非均以「記名投票」為其通例,而國民大會依八十三年八月一日修正公布憲法增修條文第一條第九項規定訂定之國民大會議事規則第三十八條並無絕對禁止修憲時,採用「記名投票」,僅規定於有代表三分之一同意時即須採用「記名投票」而已;所謂憲政慣例又非一成不得變更。本件憲法增修條文之修改,其過程固有如理由書所述若干瑕疵,若僅以憲法增修條文之修改程序,因行「無記名投票」違反公開透明原則,即謂已違修憲條文效力之基本規定,而達程序明顯重大瑕疵,應屬無效,則難謂有堅強依據。矧憲法第一百七十四條第一款係規定:「由國民大會代表總額五分之一提議,三分之二之出席,及出席代表四分之三之決議,得修改之」。本件憲法增修條文之修改,於通過修改案時,其出席及贊成人數,均符合上開規定,且其改用無記名投票,係經多數決之通過有國民大會速記錄可稽,縱其議決之方式改採「無記名投票」等可認為有瑕疵,此一瑕疵是否即足影響上述決議之效果?即非毫無疑義。即若足以影響致動搖其決議,該決議既屬無效,則應屬憲法增修條文未能通過而不成立,要非憲法增修條文無效問題。

二、關於修正之實體部分

按憲法第一百七十一條規定,法律與憲法牴觸者無效。法律與憲法有無牴觸發生疑義時,由司法院解釋之。同法第一百七十二條復規定,命令與憲法或法律牴觸者無效。故命令或法律有無牴觸憲法之疑義,經本院大法官

審理結果，認有牴觸憲法者，本院自得以解釋宣示其為無效。至國民大會依憲法第一百七十四條規定所修改或制定之憲法或憲法增修條文與未經修改之憲法條文，係處於同等位階之地位，與上述命令、法律與憲法有高低位階之情形不同。我國憲法並未如若干國家憲法先例（例如德國），於憲法中明定某些憲法條文不得修改；而所謂「憲法中具有本質之重要性而為規範秩序存在之基礎」者，其具體內容如何？如何判定？是否包括修改之憲法條文規定？又其效力如何？有無超越憲法之規範效力？均未見諸憲法明文。再國民大會修改之憲法增修條文，與未經修改之憲法間，有無衝突之疑義，雖屬憲法解釋問題，依憲法第一百七十三條規定，本院大法官固有解釋之權，但經本院大法官審埋後，如認其與未經修改之憲法條文或「憲法中具有本質之重要性而為規範秩序存在之基礎」者有間，有規範衝突之情形時，憲法有無賦予本院可經由憲法之解釋，並進而宣示憲法或憲法增修條文失效之職權，則非無疑問。本席以為憲法條文間規範衝突之解決，乃屬國家民主憲政走向之抉擇，自應循民主憲政原理決之。目前我國尚無關於國民直接可對國民大會通過之憲法修改條文或憲法增修條文複決機制之規定，無依此解決規範衝突之可能，惟憲法增修條文既與未經修改之憲法條文間顯有衝突，若貿然使憲法增修條文與之同時實施，勢必因適用有規範衝突之憲法造成憲政秩序之紊亂，此絕非主權者（國民）之福。為維護憲政秩序之安定，兼顧憲政之發展，造成規範衝突之憲法增修條文，自仍須經由民意之檢驗決定，不宜由本院大法官介入代為抉擇。故在有國民複決憲法修正條文之機制前，仍應由修憲機關就規範衝突重新檢討，作成合理而不衝突之整體修正以解決此一規範衝突。在規範衝突解決以前，該憲法增修條文應解為暫不得實施。此實為維護憲政運作之順利，避免憲政程序發生立即而明顯之紊亂，所作符合民主憲政目的之合理而不得已之解釋也。準此，則多數大法官認：

⑴憲法增修條文第一條國民大會代表第四屆起依比例代表方式選出，並以立法委員選舉各政黨所推薦及獨立參選之候選人得票比例分配當選名額，依此種依附立法委員之選舉方式產生之國民大會代表，與憲法第二

十五條規定之意旨，兩不相容構成規範衝突，雖為本席所認同，但其謂增修條文有關修改國民大會代表產生方式之規定，與自由民主憲政秩序自屬有違云云部分：本席以為憲法增修條文第一條關於國民大會代表之產生方式之修正，與憲法第二十五條規定，及依此精神所賦予國民大會代表之職權（以具有民選代表身分為前提之各項職權）之規定，固有規範衝突，但此衝突之解決，不論將來修憲機關再修改回復為修改前之原規定（即維持原有之憲政體制）或再修改而創設無規範衝突之憲政新體制，依首段說明，在修憲機關就上述規範衝突作成具體之修改抉擇以前，實難遽作何者與憲政秩序有違之結論。

(2)憲法增修條文第一條第三項後段及第四條第三項關於第三屆國民大會代表及第四屆立法委員任期之延長規定部分，與代議民主原理及國民主權原則不符，國民大會代表之自行延任違反選民付託與「利益迴避」原則有違部分：本席認為主權者（國民），選舉國民大會代表或立法委員時，係依當時憲法之規定限時的委任其行使職權，今依修憲延長其任期，除經主權者之同意（追認）外，自違主權者於選舉時依八十六年公布憲法增修條文第一條第六項、憲法第六十五條所為限時的委任，於其原任期屆滿時已失其代表性及正當性，則延長任期期間之「國民大會代表」、「立法委員」即與憲法第二十五條、第六十二條規定具有代表性及正當性之「國民大會代表」、「立法委員」性質不同，而發生規範衝突問題。或謂此等任期之延長，係為配合憲政改革之目的符合國家發展會議之共識，減少選舉次數，降低社會成本，切合國家發展需要及配合國家會計年度云云，惟憲法增修條文中，並無任何「憲政改革」之整體明確規定或宣示，而所謂國家發展會議之共識，亦未具憲法或法律之效果，縱第三屆國大代表有此構想，既未能規定於條文中，亦無拘束次屆國民大會代表之效力，則所謂「憲政改革」能否依其構想貫徹，尚屬未知之數；又所謂配合會計年度如何設計係法律層次，並無民意代表之選舉必與其配合之必然關係，況立法委員在任期中，有因立法院之解散（參照憲法增修條文第二條第五項）而須改選，亦未必能發生配合功能，其據以為延長

任期之理由，即難謂為正當。是此項規範衝突，依上述說明，仍應由修
憲機關，為合於憲法精神之解決。爰提出協同意見暨部分不同意見書如
上。

〔壹玖〕釋字第五○七號解釋部分不同意見書

〔論點提要〕

專利法第一百三十一條第二項規定之原意與目的何在？是否在限制人民之訴訟權？

〔部分不同意見書〕

本號解釋關於訴訟權得依法限制部分，固為本席所贊同，惟多數大法官認專利法第一百三十一條第二項規定專利權人提出告訴，須檢附侵害鑑定報告，係屬不當限制，為違憲部分，本席認有值得商榷之處，其理由如左：按專利法第一百三十一條第二項規定：專利權人就第一百二十三條至第一百二十六條提出告訴，應檢附侵害鑑定報告與侵害人經專利權人請求排除侵害之書面通知。係因第一百二十三條至第一百二十六條所定專利權之侵害，係以未經專利權人之同意，製造專利品或使用專利方法為其構成要件。其犯罪構成要件之專利權內容範圍如何常難確定，與一般刑事案件之犯罪構成要件不同，為防止專利權人動輒指他人仿冒提出告訴致妨害他人自由，浪費司法資源，而為異於一般刑事案件告訴規定，乃為維持社會秩序增進公共利益所必要。至該條項雖規定應檢附侵害鑑定報告，惟此鑑定報告應指專利權被侵害之具體意見，用以證明專利權人係直接被害人而有合法之告訴權，以有別於告發。蓋在公訴案件開始偵查、自訴案件開始審判前，並無訴訟法上之鑑定報告可言。又同條第四項雖規定：司法院與行政院應協調指定侵害鑑定機構，目的僅在增加鑑定機構，並使其負鑑定義務（參照刑事訴訟法第一百九十八條第二項），以增加專利權人委託其為侵害之鑑定，尚非限制專利權人之選擇侵害鑑定人，自無過度限制專利權人之告訴權可言。是專利法第一百三十一條第二項及第三項，與憲法第十六條、第二十三條規定尚無違背。至專利權人已於相當期間請求侵害鑑定，因事件內

容繁雜於告訴期間內不能完成，或專利權人已提出具體專利權被侵害之比較說
明，足以推認其為直接被害人時，應如何補救，則係立法當時之疏漏，應由有
關機關，儘速檢討修訂。爰提出部分不同意見書如上。

〔貳拾〕釋字第五二〇號解釋部分協同意見書

〔論點提要〕

一、在現行制度下，大法官審理案件，應實體與程序正義並重，不宜違反「先程序後實體之審理原則」。故大法官受理釋憲案件，無論其聲請所涉及之內容、重要性如何，在未符合聲請要件以前，實不應僅因有人（或機關）聲請，並以其所涉內容重要，或有急迫性，即秉於守護憲法（實體法）之使命感，遽為受理，而置程序之正義於不顧。

二、停止核四廠之興建係政治問題抑法律問題？是否屬司法解釋範圍？

三、法定預算之執行、修正變更或廢止，均有法定機制與程序可循，不生適用憲法疑義問題。

〔部分協同意見書〕

本件關於聲請統一解釋部分，本席贊同多數大法官意見，認應不予受理。惟對於聲請解釋憲法部分，多數大法官意見，雖認係合於司法院大法官審理案件法（以下簡稱審理案件法）第五條第一項第一款中段規定，而予受理，本席對此部分之結果，雖勉可贊同，但理由不盡相同，說明如次：

甲、就程序部分

一、按各國釋憲制度並不一致，我國大法官審理解釋案件，依憲法規定係屬國家司法權之行使，自應遵守「不告不理」之法則，用符民主法治國家，分權與制衡原則之制度性設計。所謂「不告不理」並非漫無限制，祇須有人（或機關）聲請（於釋憲案件）或提起訴訟（於一般訴訟），不須另具備一定要件，即可謂已合「不告不理」法則，而得發動國家司法權，其理至明不待贅述。故審理案件法對於大法官審理解釋案件或政黨解散案件，均有關於聲請要件及程式之相關規定（參照審理案件法第五條至第八條、第十

九條)。其聲請不合規定者，應不受理(同法第五條第三項、第七條第三項。在政黨解散案件，依同法第三十二條準用行政訴訟法第一百零七條規定，則以裁定駁回之)。基此，大法官受理釋憲案件，無論其聲請所涉及之內容、重要性如何？在未符合聲請釋憲要件以前，實不應僅因有人(或機關)聲請，並以其所涉內容重要或有急迫性，即秉於守護憲法(實體法)之使命感，逕為受理，而置程序之正義於不顧。本院前此，雖偶有類此情形，並為若干實體法學者所贊同，但本席以為在審理案件法對於聲請要件之規定，未為修正以前，大法官仍應實體正義與程序正義並重，不宜違反「先程序後實體」之審理原則。

二、審理案件法第五條第一項第一款中段係規定：「中央或地方機關……，或因行使職權與他機關之職權，發生適用憲法之爭議……。」準此規定，自須聲請機關之職權行使，與他機關之職權，發生適用憲法之爭議時，其聲請始符規定。本件發生爭議之具體個案，依行政院聲請意旨係行政院決議停止興建核能四廠，並停止執行相關預算，與立法院行使職權，發生憲法上之爭議云云。按立法院職權之行使與立法委員職權之行使有別。前者依立法院職權行使法之規定，係由立法委員，依開會、決議等過程，集體行使；後者，可由立法委員個別行使。本件聲請人對於立法院議決預算案職權之行使(憲法第六十三條)，與立法院並無爭議。聲請人對預算之執行，自認係行政權之行使，其經行政院會議決議，停止核四廠之興建及其預算之執行，即無違憲違法可言。可知聲請人本身對於其職權之行使亦無疑義(至立法院對之有無疑義，應否由立法院聲請解釋，則係另一問題)。顧行政院會議作成停止核四廠興建與其預算之執行，並對傳播界發布消息後，雖引起在野政黨立法委員之不滿，並經立法院決議函請監察院糾彈行政院院長及相關人員。惟查，對於行政人員之糾彈，係監察院之職權(參照憲法增修條文第七條第一項)，函請糾彈僅在促使監察院依法行使職權，是立法院之決議函請監察院糾彈行政院院長及相關人員，尚非在行使立法院依憲法第六十三條所定之職權，縱其函送之緣由，係因停止核四廠之興建與其預算之執行，但查立法院既未對行政院會議停止核四廠之興建與其預算執行

之決議，依憲法第六十三條或憲法增修條文第三條第二項規定，直接對之作成任何決議，即難謂已合於行政院因行使職權與立法院之職權，發生憲法爭議之聲請釋憲要件。矧此項核四廠應否停建係屬政策之考量，雖停建之結果，可能即發生該項預算之執行與否問題，但行政院此項重要政策之變更，憲法已定有重要政策變更之相關規定，自應依其程序辦理，該項預算之執行，亦隨之可獲解決，無待解釋。是核四廠停建之爭議，應屬政治問題而非法律問題，自宜循政黨協商或憲法所定程序（在外國尚有公民投票）解決，始為正辦，不屬司法解釋範圍。第週來各媒體一致反應，立法、行政兩院及多數國民，均期待大法官作出解釋，以便遵循解決爭議。為符合全民強烈需求，並期對憲政之順利運作，及安定政局有所助益等不得已情形下，本席勉可贊同本號解釋之意旨，而不再堅持不予受理之意見。第基於前述審理法之規定，本席認本號解釋與一般憲法解釋案，在性質上仍有差異。

乙、就實體部分

一、預算案與法定預算不同，行政院提出之預算案，須經立法院審議三讀通過，並經總統公布，始成為法定預算（預算法第二條）。行政院對於立法院決議之預算案認有窒礙難行時，須經由覆議程序解決（憲法增修條文第三條第二項第二款）。惟預算案一經公布成為法定預算後，即無覆議程序問題。重要政策或法律案經立法院通過公布後，行政院雖有執行之義務，但非一成不變或不可變。行政院認為必要時，自得依憲法所定程序修正、變更或廢止之，無待深論。

二、按憲法增修條文第三條，對於行政院應如何對於立法院負責，及行政院與立法院間，就行政院之施政方針、重要政策之爭執，如何解決，均定有一定機制可資遵循。預算案係由行政院提出，故立法院通過之預算案，行政院未移請覆議經總統公布，成為法定預算後，行政院原則上自有執行之義務，依一、之說明，亦不得再事移請覆議。雖歲出預算之執行，具有相當之彈性，惟如應執行之預算涉及重要政策之執行時，無論其預算編列於何單位，為單位預算抑為附屬單位預算，因該預算之停止執行即無異變更（或

廢止）重要政策之執行，自與一般預算之單純停止或變更有異。國家重要政策係由行政院向立法院報告，為立法院接受，所共同形成，難謂可由行政院片面決定逕為變更。從而，涉及重要政策執行之預算，行政院（無論是否因行政院構成員之更替）如因情事變更或認須變更其施政方針或重大政策，而決定不執行時，自應先循重要政策變更（或廢止）之程序，向立法院提出報告並備立法委員之質詢以示對立法院負責。立法院亦不得拒絕行政院報告之提出。立法院對於行政院所提重要政策變更（或廢止）之報告後，如有意見或不贊同時，因憲法增修條文第三條第二項規定已停止憲法第五十七條之適用，雖不得以決議移請行政院變更（比較憲法第五十七條第二款規定），但仍可經由政黨協商；或循通過法律案使行政院負執行之憲法上義務；或依憲法增修條文所定爭議機制（例如行政院倘認法律案窒礙難行時，得提出覆議或立法院通過對行政院長不信任案等）處理，本亦不生適用憲法之疑義。本件具體個案之爭議，原即可依上述方式解決，所遺憾者，兩院未能循此而成僵局，行政院旋將此政治問題聲請本院解釋。是本號解釋當非對適用憲法疑義所為解釋，僅在重申憲法規定之解決途徑而已，故與一般解釋案性質有別，爰提出協同意見如上。

〔貳壹〕釋字第五四〇號解釋部分不同意見書

〔論點提要〕

大法官可否依解釋，創設訴訟法所未設之訴訟制度，以便利當事人？

〔部分不同意見書〕

本號解釋文第三段關於：「又事件經本院解釋係民事事件，認提起聲請之行政法院無審判權者，該法院除裁定駁回外，並依職權移送有審判權限之普通法院，受移送之法院應依本院解釋對審判權認定之意旨，回復事件之繫屬依法審判，俾保障人民憲法上之訴訟權」及其解釋理由部分，本席難予贊同，其理由如左：

一、按司法院大法官固有解釋憲法，並統一解釋法律及命令之權（憲法第七十八條），惟對於解釋案件之審理，本於司法權行使應遵守不告不理之原則，仍須依聲請為之（參照司法院大法官審理案件法第八條）；解釋之範圍，亦應受所聲請範圍之限制。就解釋憲法事件，基於闡明憲法真義以維護憲政秩序之目的，本院雖認「解釋範圍得及於該具體事件相關聯且必要法條內容有無牴觸憲法情事而為審理」（參照釋字第四四五號、第五三五號）擴張解釋之範圍，但於法律及命令之統一解釋，既與維護憲政秩序無關，應無其適用。本件聲請人臺北高等行政法院第五庭，以國民住宅條例第二十一條第一項第七款所定應由法院裁定事項是否屬私權紛爭而應由普通法院審判，與普通法院之見解發生歧異，聲請統一解釋，本院依其聲請解釋謂：該條項之規定，為涉及私權法律關係之事項，為民事事件，應由普通法院審判等語，固為吾人所贊同。惟解釋文第三段關於應由普通法院審判之事件，如為普通法院以無審判權為由裁定駁回確定時，應如何救濟、處理之部分，並非本件聲請人聲請統一解釋之事項，縱依解釋意旨該確定民事裁定確有適用法規顯有錯誤之違背法令情事，既非所適用之法律或命令發生

牴觸憲法問題，更不生因其與具體事件聲請解釋之事項有重要關聯性之疑義，而有統一解釋之必要，即非本院得行使解釋權之範圍。本號解釋關於第三段部分，依上說明難謂非對未聲請之事項而為解釋，即非適當。矧違法之確定裁判如何救濟，就民事事件言，如屬民事訴訟事件，民事訴訟法第五編，原即設有再審程序之救濟規定；如屬非訟事件，因非訟事件之裁判不涉及實體法律關係之判斷，非訟事件法未設再審程序，除法律有特別規定外，並不當然準用民事訴訟法關於再審程序之規定❻，且此項非訟裁定並無既判力，法院如認為其裁定不當時，尚得因聲請撤銷或變更之（非訟事件法第二十三條），亦不受一事不再理之拘束，而非不得再事聲請❼；當事人更得循民事訴訟程序請求救濟。本件引起疑義之民事確定裁定，縱有違法情事，基於民事事件採當事人進行主義，自應由當事人向普通法院請求之。本號解釋謂「該（行政）法院除裁定駁回外，並依職權移送有審判權限之普通法院，受移送之法院應依本院解釋對審判權認定之意旨，回復事件之繫屬依法審判」云云，係創設現行民事訴訟法及行政訴訟法所無之制度。再者，訴訟救濟應循之審級制度及相關程序如何訂定，係立法機關之職權（參照本院釋字第四四二號），除法律制定之制度或程序違背憲法，大法官依職權得宣告其違背憲法使其失效外，對於制度或程序之不完備，尚無得以解釋代替法律予以補充之職權。從而縱認外國法❽所定「移送」制度有資參考之處，大法官至多亦僅能於解釋理由中附帶說明供立法者參考，似不能依解釋創設新制度。上開部分解釋，有以解釋替代立法之嫌，並有踰越大法官職權之疑問，殊無必要。

二、次查大法官解釋憲法，統一解釋法律或命令，係對憲法或法令為抽象的審查解釋，而非就發生聲請緣由之具體個案為審判。本院對於本件個案所生

---

❻　參照最高法院六十六年臺抗字第二四八號判例，及九十年十一月十三日第十三次民事庭會議記錄。

❼　參照本院院字第二七七六號解釋㈣。

❽　例如德國法院組織法第十七條 a 規定（參照吳大法官庚於本院釋字第五三三號解釋之協同意見書最後一段意見及其註六），但仍須考量本國與外國法制、社會背景之不同，由立法機關裁量立法，始能發揮其功能。

疑義，對「國民住宅條例第二十一條第一項所定裁定之法院，應為普通法院」所作之解釋，原即有拘束各法院之效力，各法院自不得再事審查，而應遵守，本不待解釋，惟仍無對該個案之裁判效力，宣告其「具有重大瑕疵，應不受拘束」之職權。本院釋字第一一五號解釋，雖謂「普通法院對此事件所為之相反判決，不得執行」，亦僅在宣示該判決欠缺執行名義之實質要件，無執行力，故不得執行而已，如欲除去判決之效力，仍須依再審程序等救濟之，觀本院釋字第一三五號解釋即明，否則若如本解釋謂該裁判應不受拘束，則當事人即可據本號解釋之公布，要求普通法院繼續審判，而不待行政法院之移送，浪費司法資源。本件當事人就國民住宅條例第二十一條第一項裁定事件之疑義，在行政訴訟中，係依行政訴訟法第一百零五條規定提起之訴訟事件，該事件之性質，依本號解釋雖認係民事事件性質，但其提起訴訟之程式，仍係依行政訴訟法所為，行政法院自應依行政訴訟法第一百零七條第一項第一款規定以裁定駁回之，本號解釋亦謂「行政法院除裁定駁回之」云云，是該事件，不論當事人所提起者為民事訴訟事件或行政訴訟事件均已因駁回裁定之確定而消滅其訴訟繫屬，則該均已消滅訴訟繫屬而屬民事事件性質之事件，如何又因行政法院之移送而使之回復繫屬普通法院❾？大法官是否有權對已確定之事件，宣告「民事確定裁定具有重大瑕疵應不受拘束」，不待受訴法院依法定程序廢棄該確定裁

---

❾ 行政訴訟制度研究修正委員會為解決上述審判權之衝突，於第五次會議（九○、五、四）及第八次（九○、六、一五）會議決議，修正行政訴訟法第十二條，其修正草案為：「法院認其有受理訴訟權限而為裁判經確定者，其他法院受該裁判之羈束。法院認其無受理訴訟權限者，應依職權以裁定將訴訟移送至有受理訴訟權限之管轄法院。數法院有管轄權而原告有指定者，移送至指定之法院」。「移送之裁定確定時，受移送之法院認其亦無受理訴訟權限者，應以裁定停止訴訟程序，並聲請司法院大法官解釋」。「受移送之法院經司法院大法官解釋無受理訴訟權限者，應再移送至有受理訴訟權限之法院」。「當事人就法院有無受理訴訟權限有爭執者，法院應先為裁定」。「法院為第二項及第五項之裁定前，應先徵詢當事人之意見」。均在說明不得先駁回再移送，以維持訴訟之繫屬，設行政訴訟法第一百零七條第一項第一款應裁定駁回之例外規定，受移送之法院亦非當然受移送法院裁定之拘束，如有爭執，尚可聲請大法官解釋。而大法官之解釋，則僅在決定何法院有審判權而已，可資參考。

判，即使原程序回復？創設訴訟法上所無之制度❿？衡諸本院釋字第四四二號解釋意旨，亦不無侵害立法權之嫌。況德國法院組織法第十七條 a 第二項亦僅規定移送裁定，對受移送之法院有「拘束力」，而不得再以無管轄權為由不予受理而已。並非因移送即當然回復原程序之訴訟繫屬。是否回復原程序，尚須待受移送法院之裁判，是本號解釋第三段難免有干涉受移送法院裁判（如果應回復原訴訟繫屬）之疑慮。蓋受移送法院如認合再審要件，亦須廢棄原確定裁定後，始有回復原程序之可能，尚非移送即可逕為回復原程序而為審判也。

三、本號解釋第三段，固有維護當事人訴訟權之用意，亦為本席所感受，惟訴訟之進行，須遵守法定之程序，始克實現程序之正義，司法機關自不可只為實現正義之理由，而置法定程序於不顧，況就本件言，當事人已有多途徑得以救濟，詳如一、所述，司法權之行使，更應自制，不宜以解釋代替立法，創設新制度，此乃本席所耿耿於懷者。再解釋理由又謂「普通法院就受理訴訟之權限與行政法院之見解有異時，相關法律並無相當於行政訴訟法第一百七十八條解決審判權衝突之規定，有關機關應依照本解釋意旨，通盤檢討妥為設計」乙節，查民事訴訟法修正草案（已經本院院會通過並曾於上一會期送立法院）第一百八十二條之一第一項前段，已有與行政訴訟法第一百七十八條相同之「普通法院應停止訴訟程序聲請大法官解釋」之規定，此項規定，實則僅在使法院有聲請大法官統一解釋之適格，對於審判權衝突經大法官解釋後，如何處理（即本號解釋第三段）並無助益，有無列入解釋理由之必要，亦值商榷。

綜上理由，本席認本號解釋第三段，並無必要且屬不當，爰提出不同意見書如上。

---

❿　按裁定經宣示後，為該裁定之法院審判長、受命法官、受託法官受其羈束，不宣示者，經送達後受其羈束。但關於訴訟指揮或別有規定者，不在此限（民事訴訟法第二百三十八條、行政訴訟法第二百零八條參照）。法律並無「確定裁定有重大瑕疵，即可不受拘束」之規定。故仍須由為裁定之法院，依法「廢棄原裁定」後，始能不受羈束。大法官解釋可否宣示其不受拘束？值得商榷。

〔貳貳〕釋字第五四九號解釋協同意見書

〔論點提要〕

勞工保險條例關於遺屬津貼，並非死亡勞工之遺產，而係勞工保險機關為照護被保險人之遺屬所為之設計；避免其生活無依，用以貫徹國家對無力生活者負扶助與救濟之憲法意旨。故請領遺屬津貼者，應為確受被保險人生前扶養，暨其本身無謀生能力者，始足當之。

〔協同意見書〕

本席對於本號解釋原則，固表贊同，但對其解釋理由之形成，認為尚有不足而應予補充者：按勞工保險之死亡給付，依勞工保險條例第六十二條及第六十三條規定，計有喪葬津貼與遺屬津貼二種。喪葬津貼應係對於支付死亡之被保險人喪葬費用人之津貼。若未支付被保險人死亡時之喪葬費用者，勞工保險機構自無以勞工保險基金對其支付被保險人死亡喪葬津貼之法理依據。至遺屬津貼，性質上係所得替代，乃勞工保險機構出於照護被保險人之遺屬所為之設計，避免其生活無依，用以貫徹國家對於無力生活者負扶助與救濟之憲法意旨。故請領遺屬津貼者，應為確有受被保險人生前扶養暨其本身無謀生能力者，始足當之。蓋如解釋理由所述，遺屬津貼並非被繼承人之遺產，而應由其全體繼承人以繼承人身分繼承者。從而，勞工保險條例第二十七條規定，對於推行社會安全暨防止詐領保險，固有其一定意義，然其未注意及被保險人收養之子女，生前是否確有受其撫養？有無謀生能力？暨被保險人死亡時，子女對被保險人有無支出殯葬費用？概以「收養登記在保險事故發生時未滿六個月者」為理由，規定不得享有領取保險給付之權利，即難謂為周全。又遺屬津貼，係在扶助無謀生能力者，俾不致因被保險人死亡，頓失依據，此項給付應以年金方式為之，並在一定條件下停止給付，始符制度設計之本意。此觀多數外國立法例即可知

之❶。勞工保險條例第六十二條至第六十五條規定，依上說明，亦宜檢討。俾其更能符合勞工保險條例保護勞工之法意。爰提出協同意見如上。

---

❶　請參照勞工保險局編印《各國社會安全制度要覽一九九九年度》（九十年十月）第九、十、二十七、四十九、一六一、一六六、一七七、一七八、二三六、二四二、三一六、三一七、四二四、四三〇、四五九、四六四頁。一九五二年社會保險最低標準公約第五十九條至第六十四條。

〔貳參〕釋字第五五〇號解釋協同意見書

〔論點提要〕

一、全民健保因係社會保險，其保費之收取，與一般保險不同。各級政府之補助保險費支出，並非因係中央立法並執行全民健保政務所支出之行政事務執行費用。而係基於社會連帶、互助、危險分擔及公共利益之考量而使其盡社會責任分擔義務者。

二、關於保險費分擔之比例，雖屬立法裁量事項，但仍須合於憲法所定平等原則及比例原則，並力求公平合理。立法者，自應注意投保單位（雇主）及地方自治團體之財力上之負擔能力，並充分聽取其意見，俾投保單位、地方自治團體不因負擔或補助保險費之結果，致其正常運用或政務之推行發生重大困難。尤須顧及地方自治團體受有憲法制度保障，其施政所需之經費乃涉及財政自主權之事項，有法律保留原則之適用。

三、全民健康保險法第二十七條第五款規定，第五類被保險人，在省轄區域由中央社政機關補助百分之十五、省政府補助百分之二十，縣（市）政府補助百分之六十五，而在直轄市區域，則由直轄市政府全額補助，中央毫無分擔，是否盡符平等原則，有待持續檢驗及檢討。

〔協同意見書〕

本號解釋原則，固為本席所贊成，但關於解釋理由之闡釋，則認尚有二點疑義有待補充，使其更為明晰者：

㈠關於全民健康保險（下簡稱全民健保），各級行政機關對於保險費補助之性質

按全民健保之保險費係國家為確保全民健保制度之運作，對於被保險人因全民健保之受益，而收取之費用，為被保險人公法上給付之一種（參

照本院釋字第四七二號、第四七三號解釋意旨）。屬於辦理保險業務之中央健康保險局（全民健康保險法第六條）推行全民健保之中央行政收入，而為非行政支出。惟因鑑於全民健保係社會保險，且為全民強制納入保險，為顧及被保險人負擔保險費之能力及冀期全民健保之永續經營，基於社會連帶暨互助、危險分擔及公共利益之考量，除被保險人為雇主或自營作業者、或專門職業及技術人員自行執業者，被保險人及其眷屬應自付全額保險費外，其他情形之被保險人，其保險費除自付其本人及眷屬部分保險費外，其餘保險費則由其投保單位（全民健康保險法第十四條參照）負擔一定比例，餘由各級政府依不同所得者，按不同比例，補助其所應負擔保險費之一部或全部（參照全民健康保險法第二十七條）。足見全民健保因係社會保險，其保險費之收取，與一般保險不同，有被保險人之自付部分，有投保單位負擔部分，有各級政府補助部分。可知各級政府之補助保險費之支出，並非因係中央立法並執行全民健保政務所支出之行政事務執行費用，而係前述基於社會連帶、互助、危險分擔及公共利益之考量而使其盡社會責任分擔義務者。按辦理衛生、慈善公益及社會福利與社會救助事項等原為各地方自治團體之法定職務（參照憲法第一百零八條第一項第十八款、第一百零九條第一項第一款、第十一款、第一百十條第一項第一款、第十一款、地方制度法第十八條第三款第一目、第二目、第十九條第一項第三款第一目、第二目等），不因中央推行全民健保而免除。此項保險費分擔義務之支出當屬財政收支劃分法第四條附表二丙第十項、丁第十項之直轄市、縣（市）支出事項，與財政收支劃分法第三十七條第一項第一款規定無涉。

㈡關於保險費自付、負擔及補助之比例，應求公平合理

為推行全民健保，法律規定被保險人之保險費包含被保險人自負額、投保單位之負擔額及中央與地方自治團體之補助額，固符合憲法推行全民健保之意旨，且其額數比例之訂定，屬立法裁量事項，但仍須合於憲法所定平等原則及比例原則，原無待言。故立法者，自應注意投保單位（雇主）及地方自治團體財力上之負擔能力，並充分聽取其意見，以為立法

決定之參考。俾投保單位、地方自治團體不因負擔或補助保險費之結果，致其正常運作或政務之推行發生重大困難。尤須顧及地方自治團體受有憲法制度保障，其施政所需之經費乃涉及財政自主權之事項，有法律保留原則之適用，於不侵害其財政自主權核心領域之限度內，國家基於整體施政需要，中央依據法律使地方自治團體分擔保險費之補助，雖非不得於全民健康保險法中規定其補助之項目，惟仍應斟酌其財政能力，並力求分擔之公平合理。本件爭議之全民健康保險法第二十七條規定，關於各地方自治團體應分擔之補助比例，依上說明，固屬立法裁量事項，惟立法時是否已顧及此 ❷？又其中第五款規定：第五類被保險人，在省轄區域，由中央社政機關補助百分之十五，省政府補助百分之二十 ❸，縣（市）政府補助百分之六十五；而在直轄市區域，則由直轄市政府全額補助，中央毫無分擔。就此相對於其他地方自治團體言，是否盡符平等原則？均為有待持續檢驗及檢討。爰提出協同意見書如上。

---

❷ 例如依財政收支劃分法規定，地方自治團體分得之財政收入與其支付所分擔之保險費補助，是否合理？各地方自治團體所積欠之保險費補助至民國九十年已逾新臺幣三百億元，其故何在？（參照劉淑惠博士論文（二〇〇二年臺大政治研究所）〈黨國體制下全民健保政策的政治分析〉）。

❸ 依臺灣省政府功能業務與組織調整暫行條例第二條規定，臺灣省政府已非自治團體而為行政院派出機關，則省政府補助百分之二十，則在臺灣省補助部分，似由中央所負擔。

〔貳肆〕釋字第五五三號協同意見書

〔論點提要〕

一、依地方制度法第七十五條第八項規定就自治事項有無違背憲法、法律、中央法規、縣規章所生疑義，聲請司法院解釋，是否須於中央主管機關依同法第七十五條報請行政院予以撤銷、變更、廢止或停止其執行前為之？

二、如聲請解釋前，行政院已依同法第七十五條規定為處分時，地方自治機關究應循何種途徑，請求救濟？

三、地方自治機關，就法律所定自治事項權之行使，是否仍當然受中央主管機關見解之拘束？

〔協同意見書〕

　　本件聲請案，多數大法官認：聲請人依地方制度法第七十五條第八項聲請解釋合於規定；本件涉及行政院所為行政處分，應由行政法院審判；並就地方制度法第八十三條第一項所定「特殊事故」予以抽象解釋。本席對於上開解釋原則雖勉予同意，但認其所持理由，或過於簡略，或不盡相同，有須予補充說明者如左：

〔壹〕關於本件依地方制度法第七十五條第八項予以解釋部分：

　　按地方制度法第七十五條第八項規定：「第二項、第四項及第六項之自治事項有無違背憲法、法律、中央法規、縣規章發生疑義（以下簡稱違憲等疑義）時，得聲請司法院解釋之；在司法院解釋前，不得予以撤銷、變更、廢止或停止其執行（以下簡稱予以撤銷）」。同條第二項規定「直轄市政府辦理自治事項違背憲法、法律或基於法律授權之規定者，由中央各主管機關報行政院予以撤銷、變更、廢止或停止執行」。準此以觀，直轄市政府適用法律辦理自治事項之事務，與中央主管機關之意見相異，

認有違憲等情事之疑義，而在中央主管機關報行政院予以撤銷以前，直轄市政府或中央主管機關，固得依同條第八項規定聲請本院解釋 ⓮；但

⓮ 地方制度法第七十五條第二項規定：「直轄市政府辦理自治事項違背憲法、法律、中央法令或逾越權限者，由中央各該主管機關報行政院予以撤銷、變更、廢止或停止其執行」。又同條第八項規定：「第二項、第四項及第六項之自治事項有無違背憲法、法律、中央法規、縣規章發生疑義時，得聲請司法院解釋之；在司法院解釋前，不得予以撤銷、變更、廢止或停止其執行」。準此以觀，在中央主管機關，認直轄市政府辦理自治事項有違憲等情事而應予撤銷時，自應依該條第二項規定報行政院予以撤銷等處分；如對其辦理自治事項是否有違憲，尚有疑義，則對於其自己認是否違憲等尚有疑義之事項，除應依同條第八項規定，聲請本院解釋，待解釋後再為處理外，應不得報行政院為撤銷處分，否則豈非權限之濫用。若中央主管機關認其辦理自治事項為違憲等無疑，並報行政院為撤銷等處分，行政院復予支持而為撤銷處分，自亦無「辦理自治事項有違憲等之疑義」，不生行政院聲請本院解釋問題；如行政院對中央主管機關之報請撤銷所持理由，認尚有疑問，而確信自治團體之行為尚無違憲等情事，自應為不撤銷之處分，如無確信時，則應依同條第八項規定，聲請本院解釋，經解釋後，再為處理，尚不得一面聲請本院解釋，一面不待本院解釋即為撤銷等處分，觀同項後段規定，在本院解釋前，不得為撤銷等處分即明。但就地方自治團體之直轄市而言，如對中央主管機關或行政院之認其辦理自治事項有違憲等情事尚有疑義，而與之發生公法上之爭議時，即屬同條第八項之疑義，在行政院尚未為具體之撤銷等處分前，自亦得依該條項規定，聲請本院解釋，以為救濟。於此情形，依同項後段，行政院在本院解釋前，自不得為撤銷等處分，以保障地方自治機關自治權之行使（同項後段）。若謂直轄市無同條第八項聲請本院解釋之權，依上分析，殊難期待中央主管機關或行政院之聲請本院解釋，以停止行政院之撤銷等處分。從而直轄市必待行政院為撤銷處分後，逐案提起行政訴訟，以尋個案救濟。如此，地方自治之憲法上制度性保障，難免落空，當非該條項之立法原意。又行政院依同條第二項中央主管機關之報請撤銷直轄市之處分後，同條未設有行政院為撤銷等處分前，應使直轄市有陳述意見機會或其他溝通協調機制之相當規定，致有形成中央與地方即刻發生對立之虞。例如本件聲請案內政部係於九十一年四月三十日以臺內民字第○九一○○六八二三號函請行政院撤銷延選案，行政院即於同年五月二日為撤銷處分，致臺北市政府旋於同月七日向本院聲請解釋。按內政部在報請行政院撤銷時，未將副本通知臺北市政府（見該函副本僅送同部民事司），行政院在依內政部之報請撤銷而為撤銷處分前，亦未使臺北市政府有陳述意見之機會，即於翌日即為

在此階段係由本院大法官就中央主管機關與直轄市政府間，對於法律規定意義之歧見，於行政院尚未介入具體事件之撤銷等行政處分前為抽象之解釋，觀該項後段規定「在司法院解釋前，不得予以撤銷等」而自明。本件聲請人為本件之聲請時，行政院已於民國九十一年五月二日對於臺北市政府里長改選延期（自治事項）之具體行政行為（下簡稱延選案）為撤銷之行政處分後，始於同月七日以行政院為相對人，依上開規定聲請解釋，揆諸首開說明，原難謂盡符該條項之聲請要件而應予受理。惟本於大多數大法官認為本件基於地方與中央權限劃分與紛爭解決機制之釐清與確立，及涉及憲法層次之民主政治運作基本原則與地方自治權限之交錯，認應予解釋，本席基此認尚有意義（參照註說明）勉予同意。

〔貳〕本件聲請人係對於行政院九十一年五月二日所為撤銷其延選行政行為之處分不服聲請解釋部分：

按我國憲法關於司法審查制度之設計，對於法律違憲之爭議，係由大法官以司法院解釋解決之，除由大法官組成憲法法庭審理政黨違憲解散事項，得為具體事件之審理（參照憲法增修條文第五條第四項）外，尚不及於具體處分違憲或違法之審查（參照本院釋字第五二七號解釋理由）。故機關適用法規，如有違法之疑義，在行政系統上，有上級機關者，原則上應由上級機關依職權予以解決（參照司法院大法官審理案件法第九條規定）。惟關於地方自治事項，在地方自治機關行使其自治權時，從行政機關之體系及層級上言，中央主管機關固為其上級機關，但從自治層級言，中央主管機關並非立於自治機關之上級機關地位，更非中央主管機關之內部機關。就職權之行使言，中央法規之解釋，例如地方制度法等，中央主管機關對其主管之中央法規雖有解釋之權，即通常所謂之釋

撤銷之處分，致臺北市政府未能及時於行政院為撤銷處分前向本院聲請解釋，俾有適用同條第八項後段之救濟機會，所為撤銷處分之過程，難免有違反正當法律程序原則之嫌，而臺北市政府未即依行政院之撤銷處分辦理改選而聲請本院解釋，復於九十一年七月二十三日公布里長選舉及就職日期，達到實際上延選目的，如此對立，依上說明，殊屬遺憾，亟待法律之修正。

令或釋示，但若其內容涉及地方自治機關自治權之職權行使，例如本件延選案，依地方制度法第八十三條第三項規定，村里長之延選由地方自治政府核准辦理，而屬地方自治機關決定之具體自治權職權行使。則中央主管機關對於所涉及之同條第一項規定延選事由「特殊事故」之不確定法律概念，雖非不可表示其意見或作成釋示(令)，且該意見或釋示(令)並可拘束其內部機關或其下級機關；惟地方自治團體於此情形（例如上述延選案），因非中央主管機關之內部機關或其下級機關，為獨立人格之公法人，對於該不確定法律概念之規定，自非不可本於其確信，解釋法律而予適用，除其判斷有恣意、濫用或其他違法情事外，尚不當然應受中央主管機關見解之拘束。中央主管機關如有不同意見，倘認地方自治團體之判斷有違憲等之疑義，或地方自治團體認主管機關對其行為認為違憲等情事有疑義，在未經行政院為撤銷之處分前，均可依同法第七十五條第八項規定，聲請本院大法官解釋，用以統一法律見解。此與外國法例有規定依「解釋訴訟」之解決方法者不同。若中央主管機關對於地方自治機關本於地方自治權已就其認定之事實適用法律而為具體行政行為例如發布本件延選案，認其確有違法情事，並報由行政院函令將其處分撤銷，旋即由行政院本於適法性監督將該行政行為為撤銷之處分時，行政院既依其單方之撤銷處分將地方自治機關之具體行政行為（延期改選里長）予以撤銷，使其發生失效效果，其撤銷處分行為自屬訴願法上第三條第一項所定「行政處分」，已非行政機關相互間之意見交換或上級機關對下級機關之職務命令，亦非單純行政機關內部之事實行為，或行政指導，或為抽象之釋示或釋令之爭議可比。此種因具體事件之紛爭，既屬關於地方自治團體就憲法所保障自治權行使受有侵害之爭議，地方自治團體對之如有不服，自應依訴願法第一條第二項規定，提起訴願以為救濟，倘仍不服訴願決定時，則應循司法救濟之行政訴訟程序，依撤銷訴訟（行政訴訟法第四條）解決之，而不屬本院大法官之職掌範圍。此即現行憲法對於司法審查分工規定精神之所在。或有持：本件所涉及者為行政院與臺北市政府間之爭議，為最高級地方自治團體與中央機關

間之爭議，宜仿外國法例，以憲法訴訟由本院大法官直接審理之見解者。惟我國憲法關於司法審查制度之設計有如上述，除憲法另作修正外，似難以外國制度作為本院大法官得逕為受理解釋之依據。本件爭議之行政院所為撤銷行政處分，其理由不採臺北市政府所表示之法律意見，並採內政部之意見而予支持。中央主管機關於臺北市政府因見解上之歧異，仍未依法改選時，未依同法第七十六條規定代行處理辦理改選，僅依同法第七十五條第二項規定，逕為撤銷之行政處分。可知行政院與臺北市政府對於「辦理里長之改選」為「自治事項」一點，雙方並未發生有憲法上之疑義，所爭執者為延選之事由，是否合於「特殊事故」之認定差異，則關於該行政處分是否違法之司法審查，自應循行政訴訟程序解決。此時行政法院就某事實或情況是否合於地方制度法第八十三條第一項所定「特殊事故」，而可適用同條第三項規定之認定，即為該院認定事實職權之行使，僅生適用法律有無錯誤之違法問題。縱其認定有違法，除經依再審程序將原判決廢棄外，受判決之當事人自應受該判決之拘束（行政訴訟法第二百十四條第一項參照）。於此情形，既非關於確定判決所適用之法律有無牴觸憲法，自亦無司法院大法官審理案件法第五條第一項第二款聲請解釋規定之適用。再者，本件延選事務係屬地方自治事項，自非地方制度法第三十條第六項、第七十七條第二項法律位階性或權限爭議之「法律解釋事件」。亦非如外國立法例上（例如日本行政事件訴訟法第六條、韓國行政訴訟法第三條第四項）之機關訴訟型態。則該外國法例在本號解釋上，仍無參酌之餘地。

〔參〕關於地方制度法第八十三條第一項所稱「特殊事故」之解釋

地方制度法第八十三條第一項規定：「直轄市議員、直轄市長、縣（市）議員、縣（市）長、鄉（鎮、市）民代表、鄉（鎮、市）長及村里長任期屆滿或出缺應改選或補選時，因特殊事故，得延期辦理改選或補選」。所謂「特殊事故」係一不確定法律概念，立法者於立法時，即因「事故」之型態可能多樣，難以逐一規定，故以不確定法律概念予以規範，賦予執法者，依據具體之情事，個別予以認定。從而每一執法者，於執行法

律而適用該法律規定於具體事件時，就「特殊事故」之意義均有解釋之權。惟中央主管機關對之如著有釋示（令）時，其機關內部或其下級機關對解釋權之行使，固應受上級機關釋示（令）之拘束，但地方自治團體就地方自治事項所為法律上見解，雖亦宜尊重中央主管機關之意見，但因其非中央主管機關之下級機關，尚不當然受中央主管機關意見之拘束已如上述；即屬行政法院於個案所表示之法律上意見，雖於撤銷或變更原處分或決定之判決，就其事件有拘束各機關之效力（行政訴訟法第二百十六條），但亦不當然有拘束該個案以外之法院或行政機關之效力。本件對此抽象法律概念之具體適用，既須依行政爭訟解決，原應尊重行政法院認定事實適用法律之職權行使，似不宜對於如何解釋適用該抽象性法律概念之原則意涵再表示意見。惟為期對此類抽象性法律概念規定之解釋適用，將來適用時有更具體之法則可資依循，避免一再造成適用機關間之法律歧見，本院作成參酌意見，供法院及其他機關於適用此類抽象法律原則於事件時之參考，從統一法律上見解觀點言，亦難謂無價值，故本席未積極表示不贊同作成此部分之解釋。

謹提出協同意見書如上。

〔貳伍〕釋字第五五九號解釋不同意見書

〔論點提要〕

一、家庭暴力防治法第二十條第一項及第五十、二條規定，並非法院對於聲請人聲請核發民事暫時保護令事件時，就其應適用之法律，發生有違憲之疑義，大法官可否將解釋權擴張保護令核發後如何執行之疑義部分，有無越權之嫌？

二、家庭暴力防治法第二十條第一項規定，有無欠缺具體明確授權之問題

〔不同意見書〕

本號解釋係由臺灣高雄地方法院法官陳業鑫以其審理該院九十一年度家護字第三六五號事件，認該案適用之家庭暴力防治法（下簡稱家暴防治法）第二十條第一項及第五十二條規定有違憲疑義聲請解釋，多數大法官認其聲請合於要件，並作成有關機關應從速對上開家暴防治法修訂之解釋，本席難予苟同，其理由如左：

一、程序部分

關於本件解釋之聲請，本席認為與本院釋字第三七一號解釋所定要件不符。查本院釋字第三七一號解釋雖擴張司法院大法官審理案件法第五條第二項法院得聲請釋憲之要件，使各級法院法官於審理案件時，對於應適用之法律，依其合理之確信，認有牴觸憲法之疑義者，得以之為先決問題裁定停止訴訟程序，並提出客觀上形成確信法律為違憲之具體理由，聲請本院大法官解釋。第本件聲請人受理曾惠美聲請對伍其勇核發通常保護令，暫定對未成年子女伍薇儒等三人權利義務之行使或負擔，由曾惠美任之，並命伍其勇交付該未成年子女事件（參照聲請書說明二、㈠），查同一事件前曾由曾惠美聲請，並經於九十一年四月二十三日即由聲請人以臺灣高雄地方

法院九十一年暫家護字第一一二號裁定，准予其所請核發民事暫時保護令在案，有該民事暫時保護令（參照該裁定主文第四項）可稽，該部分保護令雖因警察機關之執行未果，致曾惠美重為同一聲請，姑不論曾惠美就同一事件可否一再聲請？在原裁定效力存續期間，有無再為聲請裁定之實益，已值商榷。再就曾惠美第二次聲請事件言，亦無應適用家暴防治法第二十條第一項及第五十二條規定可言。此不僅可由聲請人就曾惠美之第一次聲請之裁定中僅適用及家暴防治法第十三條、第十九條第二項、非訟事件法第八條第二項、民事訴訟法第七十八條（參照該院九十一年度暫家護字第一一二號裁定）可知，即由家暴防治法第二十條第一項規定：「保護令之執行，由警察機關為之。但關於金錢給付之保護令，得為執行名義，向法院聲請強制執行。」及第五十二條規定：「警察機關執行保護令及處理家庭暴力案件辦法，由中央主管機關定之。」觀察，該二條規定均須待法院審理終結，裁定發民事保護令後，於執行時始發生之問題，而非審理聲請事件裁定時所生適用法律之先決問題。聲請人自無據本院釋字第三七一號解釋向本院聲請解釋該二條文是否違憲之餘地，至於聲請人所慮裁定後無法執行致有損司法威信之問題，尤非承辦聲請事件之法官所得藉以聲請釋憲之理由，多數意見置此不顧，逕從實體予以解釋，實在令人不解。

二、實體部分

按家暴防治法第二十條第一項前段規定：「保護令之執行，由警察機關為之。」可知，該規定之意旨首在揭示保護令之執行由警察機關為之，係將其定位為警察職務之一（參照警察法第十條第一項第七款），例外（但書）規定，「關於金錢給付之保護令，得為執行名義，向法院聲請強制執行。」對金錢給付之保護令賦予執行名義，而使保護令之聲請人有權得向法院聲請強制執行，俾其對金錢給付之保護令有程序選擇權而已。並非如多數意見所謂係關於「執行程序」之規定。蓋保護令之執行，法律既明定，（原則上）由警察機關為之，而屬警察職務之一，則其執行自應遵循警察勤務條例及行政執行法等相關規定為之，除有特殊情形須另以明文規定外，原無待再為規定，一如向法院聲請強制執行時，法院自應適用強制執行法同，故本

條但書亦無規定法院應適用強制執行法之明文。當事人或利害關係人對於警察機關執行保護令之內容有異議時，得於保護令失效前，向核發保護令之法院聲明異議（家暴防治法第二十條第三項），而其聲明異議之程序，則明定準用強制執行法之規定（同條第四項），以為特別規定。故家暴防治法第二十條第一項似不生所謂欠缺具體明確授權之問題，至同法第五十二條「警察機關執行保護令及處理家庭暴力案件辦法，由中央主管機關定之。」之規定，僅在授與主管機關依上開法律執行時之細節性、技術性等次要事項發布命令，以利執行，本號解釋，亦肯定其適法性（參照解釋理由第一段），則所謂修訂相關法律，實不知所指。

綜上理由，本件聲請既不合聲請要件，所指家暴防治法第二十條第一項、第五十二條亦難謂有顯然牴觸憲法情事，爰提出不同意見書如上。

（本件不同意見書提出於全體大法官會議，惟大會當日因 SARS 關係，個人未能與會，故僅列為參考附件，而未能與解釋文同日公布。）

程序法之研究（一）　　陳計男／著

　　本書作者因從事實務及教學工作關係，對於程序法之接觸較多，鑽研亦深，公餘教學之暇，經常有研究心得發表於各期刊。遂將陸續發表在各期刊有關程序法方面之論文整理略加修正，並收錄增修未發表之〈清代固有司法制度〉一文共十篇，合成一冊，名曰《程序法之研究》（一）。

程序法之研究（二）　　陳計男／著

　　本書收錄有關民事訴訟法、民事訴訟費用法、強制執行法及法制史等方面之論著十三篇。不僅就學理方面深入研究，同時參酌各國之立法例、學說及判例；並有作者在實務工作上多年的經驗與心得，理論與實務並重，可供有志於研究程序法之人士及實務運作上參考。

程序法之研究（三）　　陳計男／著

　　本書民事訴訟法論文有裁判之評釋三篇；二篇為訴訟上抵銷與不利益變更禁止原則之論述；一篇為小額訴訟程序之簡介；一篇為裁判書製作合理化的探討。強制執行法一篇為查封效力之討論。破產法一篇為免責問題的討論，並介紹草案之修正；一篇評釋釋字第三○○號，及其後破產法之修正。行政訴訟法一篇係對行政訴訟法修正前就草案關於訴訟參加之評釋；一篇為重新審理之討論。

民事訴訟法論（上）（下）　　陳計男／著

　　本書對於民事訴訟法學之現代爭點、重要學說及外國立法趨向，與實務運用之重要解釋、判例、決議等事項，多收入討論或列於附註，俾有意深入研究者有方向可循。同時為便利讀者對民事訴訟法理論與實務之理解，除循傳統方法以文字闡述民事訴訟法之基礎理論，並就現行法之缺失及實務上之問題提出個人意見外，亦兼用圖說剖析，並附相關重要行政規章。

民事訴訟法（上）（中）（下） 陳榮宗、林慶苗／著

　　本書緒論除討論若干基本問題外，國際民事訴訟一章特別值得注意；訴訟主體之討論問題範圍較一般書籍多而廣，訴訟客體則對訴訟標的理論及權利保護利益深入討論；訴訟審理一編內容最多，尤其訴訟行為、言詞辯論……各章節在學理上及判例實務方面內容均十分豐富，有心深入研究者必須注意；特別程序分為簡易訴訟程序、小額訴訟程序……說明。

破產法論 陳計男／著

　　本書係作者以其多年實務經驗，及講授破產法之講義加以補充修訂完成，理論與實務並重。並參酌現行判例，外國法例、判例，中外著述及修正草案之重要修正內容，除就破產法之基本理論予以闡述外，並就現行法之缺點及實務上發生諸問題，提出個人意見，可供進修或研究之用，亦可供辦案人員實務上之參考。

破產法 陳榮宗／著

　　本書除第一編緒論外，其餘各編按我國破產法典之編排，依次分為：總則、和解程序、破產程序、破產法上之犯罪。作者為建立本書前後一貫之理論體系，對於涉及學理基礎之重要問題，儘量詳論探求自己能服之見解，不盲從所謂通說。論述兼顧學理及實務判例，對於法律疑難，多方參考德、日相關規定及學說判例以求解決。

強制執行法 陳榮宗／著

　　本書緒論偏重基本學理之說明；總論對於共同適用之執行主體、執行客體、執行程序要件與手續、執行救濟，分別為說明討論；各論分為滿足金錢債權之強制執行、非滿足金錢債權之強制執行、保全之強制執行三章。對於德日學說理論介紹頗多，除可供一般實務使用之外，亦可供理論研究之用。

行政法　張家洋／著

　　本書基本法理論係講解行政法的一般共通性原理原則,構成研習行政法的基礎。行政法組織編係以探討行政機關組織與公務員制度的原理及法制為主體。行政作用編係就機關職權行使的各種行為、程序、權限及效果所作分析闡釋,內涵以行政處分為主軸,展現國家行政權力運用的特性。行政救濟編以訴願、行政訴訟及國家賠償制度為主體,說明人民針對不法行政尋求救濟的途徑。

行政法導論　李震山／著

　　本書論述內容除尊重以行政處分為中心之既有研究成果外,並強烈呼應以人權保障為重心,重視行政程序的現代行政法學思緒。表達思想或說理的方法,或稍有異於一般人所習慣的論理方式。但對於許多學者之高見、司法院大法官的解釋及行政法院裁判見解,皆儘可能的加以引用,裨有助於提高讀者研習行政法之效果。

行政訴訟法　林騰鷂／著

　　本書以白話方式,有體系的加以論述行政訴訟法制之特性與內容。除參照德、日行政訴訟之立法例、法學理論與司法實務外,亦多參引國內學者論述、期刊論文、行政法學研討會報告、行政訴訟法修正理由說明、最高行政法院判例等法學資訊,以供作對行政訴訟法制比較研討之基礎。

行政法總論　林騰鷂／著

　　本書掌握研究行政法學需落實之五化(白話化、圖解化、生活化、本土化、新穎化),以白話、生活語句介紹外國行政法學理,儘量採用我國最新行政法律與司法實務見解,並以圖解方式解說初學者多感難學的行政法學制度,有助於行政法學之宏揚開展,並對人民公共生活權益之保障,提供知識之整備。